오늘은
소행성

지상 최대 **우주 쇼**가 온다!

김명진 지음

오늘은
소행성

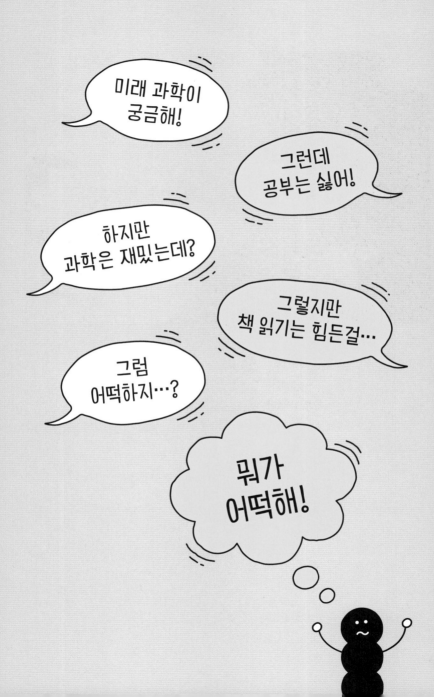

짠!

앉은 자리에서
뚝딱 끝낼 수 있는
과학 지식이 여기 있잖아!

짧고 굵고 빠삭하게, 최신 과학을 과자처럼

오늘도 가볍게
완독!

완독 후 마무리를 도와줄 [찜 노트]는 여기 있다!
문해력·발표력·토론력·창의력 활동 모음

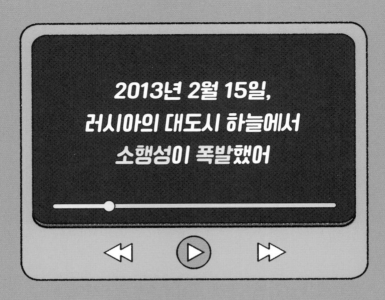

2013년 2월 15일,
러시아의 대도시 하늘에서
소행성이 폭발했어

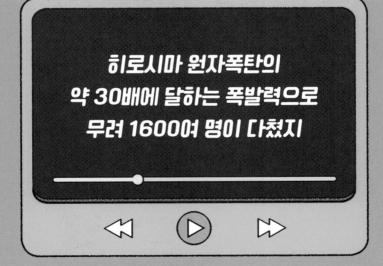

히로시마 원자폭탄의
약 30배에 달하는 폭발력으로
무려 1600여 명이 다쳤지

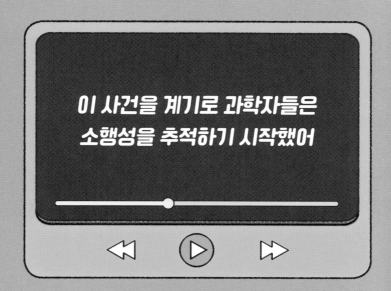

이 사건을 계기로 과학자들은
소행성을 추적하기 시작했어

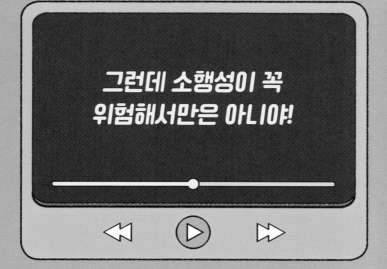

그런데 소행성이 꼭
위험해서만은 아니야!

소행성에는
태양계 탄생의 단서와
희귀 자원이 가득하거든

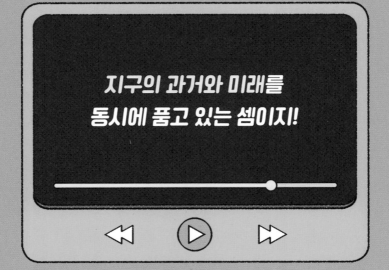

지구의 과거와 미래를
동시에 품고 있는 셈이지!

지금부터
나를 따라와!

영화보다 흥미진진한
소행성 이야기를
들려줄게!

차례

태양계의 살아 있는 화석?

과거 지구에 공룡이 살았다는 건 알고 있지? 그런데 우리는 어떻게 공룡의 존재를 받아들이게 됐을까? 이미 멸종해서 본 적도 없는데 말이야. 영화나 소설 속 상상이 아니라는 근거가 있는 걸까? 맞아. 화석이 있거든! 지구 곳곳에서 땅을 파보면 공룡 화석이 나와. 그래서 우리는 과거에 공룡이 뛰어다녔다는 사실을 조금도 의심하지 않고 받아들일 수 있지. 화석은 과거 지구의 모습을 그려 볼 수 있는 중요한 자료야. 그런데 공룡이 소행성이랑 무슨 상관이냐고? 소행성이 지구와 충돌해 공룡이 멸종했다는 이야기를 하려고? 아니! 사실은 화석 때문이야.

과학자들은 소행성을 한마디로 이렇게 표현해. 태양계의 살아 있는 화석! 과거 지구의 모습뿐 아니라 태양계가 처음 만들어졌을 때 환경을 알 수 있거든. 46억 년이라는 긴 세월 동안 우리 태양계가 어떻게 변해 왔는지 가장 잘 보여 주는 것이 바로 소행성이지. **소행성**은 이름처럼 '작은 행성'이라는 뜻이야. 영어로는 애스터로이드 asteroid라고 해. 마이너 플래닛minor planet이라고도 하는데,

여기서 플래닛이 행성을 뜻하는 건 알겠지? 그럼 마이너는 무슨 뜻일까? 마이너의 반대말이 뭐지? 맞아, 메이저! 미국 프로야구 경기인 메이저리그의 바로 그 메이저지. 세계 최고의 야구선수들이 모여서 승패를 겨루잖아. 수성, 금성, 지구, 화성, 목성, 토성, 천해성, 해왕성은 우리 태양계에서 덩치가 큰 행성들이야. 그래서 메이저 플래닛major planet이라고 불러.

이제 소행성을 왜 마이너 플래닛이라고 하는지 짐작 가지? 행성보다 크기가 매우 작기 때문이야. 크기가 작으면 질량이 작고, 질량이 작으면 중력이 작지. 우리가 소행성에서 제자리뛰기를 하면 1km는 아주 쉽게 뛰어오를 걸? 아파트 층수로 치면 약 400층이나 되지. 중력이 작기 때문에 소행성을 이루는 물질은 아주 성글게 뭉쳐 있어. 중력으로 매우 헐겁게 이어져 있지. 반면에 행성은 중력이 크기 때문에 무거운 물질은 안쪽에 깊숙이 자리하고, 가벼운 물질은 바깥쪽에 나와 있어. 이렇게 질량이 큰 천체의 내부가 여러 층으로 나뉘는 현상을 **분화**라고 해.

소행성은 중력이 작다 보니 분화가 잘 일어나지 않아. 행성과 달리 안쪽 물질과 바깥쪽 물질이 같지. 태양계가 처음 만들어질 때 물질이 소행성 표면과 내부에 46억 년 동안 그대로 남아 있는 거야. 소행성의 내부 구조를 우리말로 돌무더기라고 해. 여러 작은 돌덩어리가 헐렁하게 뭉쳐진 상태지. 그래서 감자, 고구마, 눈사람 등 소행성은 생긴 모양이 제각각이야. 소행성에 있는 물질을 분석해 보면 태양계가 처음 만들어졌을 때 모습을 알 수 있겠지? 소행성을 태양계의 살아 있는 화석이라고 부르는 이유야.

모양이 다른 소행성들 ©ESA/NASA/JHU-APL

별처럼 보이지만 별이 아니야

소행성을 영어로 애스터로이드라고 했지? 이 단어는 '별과 같은', '별처럼 생긴'을 뜻하는 그리스어에서 유래했다고 해. 소행성은 크기가 매우 작기 때문에 아무리 커다란 망원경으로 관측해도 작은 점으로 보이거든. 마치 별처럼 말이야. 그렇다고 소행성이 별은 아니야. 별과는 다르게 움직이거든. 별들의 위치를 고정시켜 놓고 여러 장을 연속해서 촬영해 보면 별들 사이로 움직이는 소행성을 찾아낼 수 있지.

사실 이러한 움직임은 행성도 마찬가지야. 그런데 행성은 망원경으로 봤을 때 점이 아니라 면적을 지닌 원의 형태로 보여. 토성의 고리, 목성의 위성 4개도 잘 보이지. 소행성과 행성을 구분하는 가장 큰 차이점을 뭐라고 했지? 맞아, 크기! 인류가 최초로 소행성을 발견했던 1801년으로 잠시 돌아가 보자. 그 당시 천문학자들의 가장 큰 관심은 화성과 목성 사이에서 새로운 행성을 찾는 일이었어. 우리 눈으로 볼 수 있는 행성은 지구를 비롯해 6개가 전부인 줄 알았는데 1781년에 천왕성을 발견했거든. 천문학자들은 이때부터 화성과 목성 사이의 드넓은 공간에 또 다른 행성이 있을지도 모른다고 생각했어.

1801년 1월 1일, 이탈리아의 팔레르모 천문대에서 천문학자 주세페 피아치가 별처럼 보이지만 별과 다르게 움직이는 천체를 새로 발견했어. 독일의 수학자 카를 프리드리히 가우스는 궤도 계산을 통해 이 천체가 화성과 목성 사이에 위치한다는 사실을 알아냈지. 이 천체의 이름은 바로 세레스Ceres야. 천문학계는 새로운 행성을 찾아냈다는 사실에 모두 흥분했어. 그런데 망원경으로 본 세레스는 행성과 달리 점으로밖에 보이지 않았어. 크기가 매우 작다는 뜻이지. 실제로 세레스는 달의 3분의 1 크기도 안 되거든.

1802년 두 번째 소행성이 발견되자 천왕성을 발견한 천문학자인 윌리엄 허셜은 한 가지 제안을 했어. 별처럼 보이지만 다르게 움직이는 천체를 '소행성'이라고 부르자고 말이야. 처음에는 받아들여지지 않았지. 하지만 1851년 영국의 왕립천문학회는 당시 소행성의 발견 개수가 10개를 넘어가자 기존의 행성 체계와는 다른 분류법이 필요하다고 결정했어. 그리고 1852년 스무 번째 소행성이 발견되자 비로소 소행성이라는 단어가 공식화되기 시작했지.

소행성은 화성과 목성을 좋아해

소행성 하면 뭐가 떠올라? 보통 열기를 뿜으며 지구를 향해 돌진하는 무시무시한 장면이 떠오를 거야. 실제로 소행성이 지구와 충돌할 수도 있다는 이야기가 영화나 뉴스에 자주 등장하지. 그래서 소행성이 지구 가까이에 있다고 착각하기 쉬워. 하지만 소행성은 대부분 화성과 목성 사이에 존재해. 이곳을 **소행성대**라고 하지. 여기서 지금까지 발견된 소행성만 100만 개가 넘어. 소행성은 왜 유독 화성과 목성 사이에 많은 걸까?

　이 질문에 대답하기 위해서는 우리 태양계가 어떻게 만들어졌는지 알아야 돼. 먼저 태양 같은 별은 먼지 하나 없는 깨끗한 곳에서 만들어지지 않아. 침대 아래처럼 먼지가 가득한 곳이 별이 만들어지기에 적당한 환경이지. 놀랍지? 우주 공간에서 먼지와 가스가 많은 곳이 중력으로 계속 밀집되다가 수소핵융합 반응을 일으킬 만한 온도와 압력이 되면 별이 탄생하는 거야. 수소핵융합 반응은 수소 4개가 만나서 헬륨 1개가 만들어지는 과정이야. 쉽게 말하면 별의 내부에서 수소폭탄이 계속 터지고 있다고 보면 돼.

태양이 만들어지고 나서 주변부에는 여전히 많은 먼지와 가스 덩어리가 회전하면서 한곳에 뭉쳐. 그곳을 중심으로 몸집을 불려 가다가 행성의 초기 모습인 **미행성체**가 되는 거야. 미행성체는 불안정한 상태와 격렬한 충돌로 대부분 사라져. 하지만 몸집이 큰 것들은 살아남아서 큰 중력으로 주변 물질을 흡수하고 마침내 행성으로 성장하지. 특히 목성은 태양계를 이루는 행성 가운데 가장 크고 무거운 행성이야. 목성이 조금만 더 컸더라면 우리 태양계에는 태양이 2개였을지도 몰라. 태양계에서 다른 행성의 질량을 모두 합쳐도 목성의 절반이 안 되거든.

이렇게 생각해 볼까? 화성과 목성 사이의 넓은 공간에는 하나의 행성으로 성장할 만한 재료가 충분했을 거야. 그 재료 중 일부는 태양계가 처음 만들어질 시기에 서로 뭉쳐서 미행성체가 됐을 가능성이 높아. 그렇게 열심히 몸집을 키워 가고 있을 때쯤 저 멀리서 목성이 나타난 거야. 목성은 가지고 있는 질량만큼이나 거대한 중력으로 주변을 끌어당겨. 화성과 목성 사이에서 수많은 조각이 하나로 뭉치지 못하게 계속 방해하지. 결국 수많은 미행성체는 처음 모습 그대로 지금까지 남게 됐어. 목성 때문에 행성으로 커지진 못했지만 목성 덕분에 초기 태양계의 비밀을 간직한 소행성이 된 거야. 소행성은 태양계의 살아 있는 화석이다! 기억나지?

위험한 친구, 근지구 소행성

화성과 목성 사이는 아주 넓어. 다음 그림을 같이 보며 이야기할까? 그림에서 연두색으로 표시한 영역 보이지? 화성과 목성 사이에 있는 소행성들을 점으로 나타낸 거야. 소행성대 소행성이라고 부르지. 소행성대 소행성들은 꽤 안정적인 공전 궤도를 가지고 있어. 여기서 **공전**은 한 천체가 다른 천체의 둘레를 일정한 주기로 도는 걸 말해. 반대로 **자전**은 천체가 자신의 한 축을 중심으로 회전하는 현상이야. 잠깐, 소행성대 소행성들의 공전 궤도는 목성의 중력으로부터 영향을 받지 않냐고? 화성과 목성 사이가 목성의 중력을 없앨 만큼 어마어마하게 넓거든. 그래서 공전 궤도가 안정적인 편이지.

 그런데 소행성이 화성과 목성 사이에만 있는 건 아니야. 지구 근처에도 소행성이 있거든. 그림에서 화성 궤

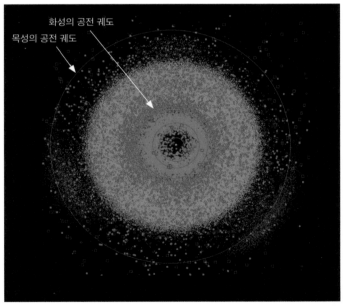

화성과 목성 사이의 소행성들 ©MPC

도 안쪽에 빨간색 점으로 표시한 소행성들 보이지? 한자로 가까울 근近을 써서 **근지구 소행성**이라고 불러. 말 그대로 지구 가까이에 있는 소행성이라는 뜻이지. 근지구 소행성이 태양과 가장 가까울 때는 태양과 지구 사이보다 1.3배 작은 궤도를 돌아. 한마디로 지구 궤도와 만나거나 지구 쪽으로 가까이 접근하는 궤도를 가진 천체지.

근지구 소행성은 위험한 친구 같아. 지구와 가까운 만큼 언제라도 지구에 위협이 될 수 있으니까. 동시에 우리가 적은 에너지로 가까이 갈 수 있다는 뜻이기도 해. 소행성을 위험한 존재로만 바라보기보다는 미래 자원으로 활용하는 거지. 과거에 공룡이 멸종한 것은 당시 천문학자가 없었기 때문이라는 우스갯소리가 있어. 소행성이 지구로 찾아오기 전에 우리가 먼저 찾아가야겠지?

근지구 소행성에는 매우 중요한 특징이 하나 있어. 궤도가 다소 불안정하다는 점이야. 수성, 금성, 화성 등 지구처럼 단단한 암석으로 이루어진 지구형 행성 주변에 있다 보니 이 행성들로부터 계속 중력의 영향을 받거든. 이것을 **섭동**이라고 해. 고속도로에서 커다란 트럭이나 버스가 옆으로 빠르게 휙 지나가면 조그만 승용차가 잠시 휘

청하고 흔들리지? 섭동과 같은 원리야. 근지구 소행성이 안정된 상태로 머무를 수 있는 기간은 겨우 1,000만 년에 불과해. 1,000만 년이면 긴 시간 아니냐고? 물론 100년밖에 못 사는 인간 입장에서는 긴 게 맞아. 하지만 우리 태양계의 나이가 약 46억 살이라는 사실을 떠올려 봐. 46억년에 비하면 1,000만 년은 짧지? 컴퓨터로 시뮬레이션을 돌렸을 때 근지구 소행성은 1,000만 년쯤 지나면 원래 궤도를 벗어나. 그리고 태양이나 행성에 부딪친 뒤 사라져.

너는 어디서, 어떻게 왔을까?

혹시 이상한 점을 눈치챘니? 태양계는 46억 살이고, 근지구 소행성의 최대 수명은 1,000만 년이라고 했어. 그런데 지금도 지구 근처에는 소행성들이 있잖아. 어떻게 된 걸까? 맞아. 어딘가에서 소행성이 계속 흘러들어 오고 있는 거야.

자, 그럼 여기서 질문을 던져 볼게. 첫 번째 질문은 어디서 왔느냐는 점이야. 태양에서 왔을까? 아니면 외계에서? 답은 바로 소행성대야. 화성과 목성 사이 말이야. 수없이 많은 소행성이 존재하는 곳이지. 소행성대는 근지구 소행성들의 고향이라고 보면 돼. 두 번째 질문은 도대체 어떻게 지구까지 왔느냐 하는 점이야. 먼저 아래에서 소행성대 소행성의 궤도 분포를 나타낸 그래프를 볼까? 그래프의 가로축은 태양으로부터 떨어진 거리를 천문단위AU로 나타낸 거야. 1AU는 태양과 지구 사이의 거리인 약 1억 5,000만 km를 말해. 세로축은 그곳에서 발견된 소행성의 개수야.

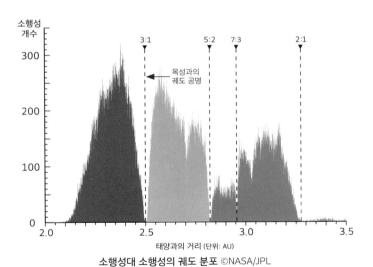

소행성대 소행성의 궤도 분포 ©NASA/JPL

그래프 사이사이에 소행성이 전혀 없는 구간이 보이지? 예를 들어 2.5AU에는 소행성이 전혀 발견되지 않았어. 목성과 궤도 공명이 일어나는 곳이거든. **궤도 공명**은 두 천체의 공전 주기가 일정한 비율로 나타날 때 서로 중력의 영향을 계속 주고받는 현상을 말해. 쉽게 말해서 이곳 소행성들은 태양 주위를 세 번 돌 때마다 목성을 한번 만나는 거야. 이러한 곳을 '궤도 공명 지역'이라고 불러. 소행성의 공전 주기와 목성의 공전 주기의 비가 각각 3:1, 5:2, 7:3, 2:1인 지역이 여기에 해당하지.

태양계에서 가장 큰 행성인 목성과 계속 만나면 어떻게 될지 한번 생각해 봐. 화성과 목성 사이의 미행성체들은 목성의 중력 때문에 행성으로 성장하지 못했잖아. 크기와 질량이 작은 소행성 입장에서는 원래 궤도에 그대로 있기 어렵겠지? 소행성의 궤도가 흔들리는 현상이 오랫동안 계속되면 결국 소행성은 궤도 공명 지역을 벗어나. 화성 궤도 안쪽으로 들어가거나 바깥쪽으로 튕겨나가지. 이때 화성 궤도의 안쪽으로 들어간 소행성이 근지구 소행성이야! 정리하면 근지구 소행성은 소행성대에서 만들어지고 궤도 공명 지역에 있다가 지구로 넘어온 거야.

　지금도 지구 주변에는 3만 개가 넘는 소행성이 존재해. 소행성대에서 궤도 공명 지역으로, 그리고 지구의 궤도 근처로 계속 새로운 소행성이 들어오고 있다는 말이지. 소행성대에서는 소행성끼리 서로 충돌해서 본래 궤도를 벗어나는 일도 종종 일어나. 하지만 실제로 화성과 목성 사이는 아주 넓어서 행성이 그리 빽빽하게 모여 있지는 않아. 계산에 따르면 소행성대 소행성 2개는 평균 약 96만 6,000km 떨어져 있다고 해. SF 영화를 보면 가끔 우주선이 소행성대로 잘못 들어가는 장면이 나오지? 소행성대를 가득 메운 소행성들과 부딪히지 않으려고 안간힘을 쓰잖아. 이런 모습은 사실 과학적으로 맞지 않지.

　잠깐, 그런데 소행성은 어쩌다 소행성대에서 궤도 공명 지역으로 들어갔냐고? 간단히 말하면 야르콥스키 효과 때문이야. **야르콥스키 효과**는 태양 빛 때문에 대기가 없는 천체의 공전 궤도가 바뀌는 현상을 말해. 이 효과는 아주 미약하지만 오랫동안 계속 쌓이면 소행성의 궤도를 천천히 바꾸게 돼. 궤도 공명 지역과 가까이 있던 소행성들이 그쪽으로 퐁당 들어가는 데 결정적인 역할을 하는 거지. 이렇게 소행성대에서 출발해 지구와 충돌한 소행성 중에는 약 6,600만 년 전에 크기가 10km인 것도 있어. 에베레스트산 꼭대기보다 컸지. 어때? 우주라고 모두 거대한 힘으로만 움직이는 건 아니지?

공룡이 소행성 때문에 멸종했다고?

과거 지구에는 공룡이 들판을 뛰어다니고 하늘을 날아다니며 바닷속을 헤엄치던 시절이 있었어. 공룡은 왜 갑자기 사라졌을까? 여러 가설이 있지만 그중에서도 가장 유력한 소행성 충돌설을 이야기해 볼게. 멕시코 유카탄반도에는 칙술루브라는 항구가 있어. 1970년대 말 이곳을 탐사하던 지구물리학자들이 거대한 구덩이를 발견했지. 지름은 우리나라 동서를 가로지르는 약 185km, 깊이는 세계에서 가장 깊은 해저인 마리아나 해구의 최대 수심보다 더 깊은 약 20km였어. 이만한 구덩이가 만들어지려면 앞서 말한 것처럼 10km쯤 되는 소행성이 충돌해야 해. 에베레스트산 꼭대기보다 큰 소행성 말이야. 그 당시 충격이 얼마나 컸는지 짐작할 수 있겠지? 최근 연구에 따르면 이때 소행성이 충돌하며 만들어 낸 에너지는 일본 히로시마에 떨어진 원자폭탄의 100억 배라고 해. 정말 어마어마한 위력이지. 이산화탄소, 황, 석고 등이 대기를 뒤덮으며 햇빛을 막았고 긴 겨울이 찾아왔을 거래. 결국 공룡을 비롯한 지구 생명체의 75%가 멸종했지.

46억 년이나 되는 역사 속에서 지구는 얼마나 많은 소행성 충돌을 겪었을까? 사실 소행성이 지구에 남긴 흔적을 찾기란 어려워. 소행성이나 운석 등이 천체에 충돌했을 때 생기는 구덩이를 **크레이터**라고 해. 충돌구 또는 운석공이라고도 하지. 과거 지구에 크레이터가 많았더라도 물이나 햇빛 같은 자연 현상에 깎이거나 개발로 지금은 없어졌을 확률이 높아. 사막이나 황무지처럼 사람이 살지 않는 곳에는 크레이터가 남아 있을 수도 있어. 미국 애리조나주의 사막 한복판에 있는 베링거 크레이터처럼 말이야. 하지만 그 수가 매우 적지. 그렇다고 실망하기엔 일러! 꼭 지구가 아니어도 크레이터를 살펴볼 수 있는 곳이 있거든. 바로 우리와 가까운 달이야. 밤하늘을 올려다보면 맨눈으로도 달에 남아 있는 크레이터를 볼 수 있잖

베링거 크레이터

아. 달의 울퉁불퉁한 표면은 지구가 태어난 이래로 끊임 없이 소행성이 지구를 방문했다는 증거야.

신의 이름으로 명하노라

세레스, 팔라스, 주노 그리고 베스타라고 들어 봤니? 인 류가 가장 처음 발견한 소행성들의 이름이야. 1801년 주 세페 피아치는 세계 최초로 소행성을 발견했어. 그리고 소행성의 이름을 세레스라고 지었지. 자기 고향인 시칠 리아의 수호신이자 로마 신화에 나오는 대지의 여신에게서 이름을 따왔다고 해. 세레스는 2006년 명왕성이 행성에서 제외되는 시련을 겪을 때 명왕성과 함께 왜소행성으로 신분이 올라갔어. **왜소행성**이란 행성보다 크기는 작지만 공처럼 둥근 형태를 띨 만큼 질량이 충분한 태양계 천체를 말해.

두 번째로 발견한 소행성의 이름은 팔라스Pallas야. 그리스 신화 속 지혜의 여신인 아테나의 또 다른 이름이지. 주노Juno는 로마 신화에서 최고신의 아내로, 그리스 신화의 헤라처럼 결혼과 가정을 수호하는 여신이야. 마지막으로 베스타Vesta는 로마 신화에 나오는 불의 여신을 가리켜. 이름의 공통점이 보이니? 맞아. 모두 신화에 나오는 여신에게서 그 이름을 따왔어!

신의 이름이라니 멋지지? 소행성이 크기에 비해 꽤 거창한 이름을 갖게 된 사연이 있어. 앞에서 말했다시피 과학자들은 처음에 소행성이 행성인 줄 알았거든. 1807년 베스타를 발견한 후부터 화성과 목성 사이에서 더 이상 아무것도 발견할 수 없자 과학자들은 하나둘 관측을 중단했어. 그런데 독일의 아마추어 천문학자였던 카를 루트비히 헨케가 베스타를 발견한 지 38년 만

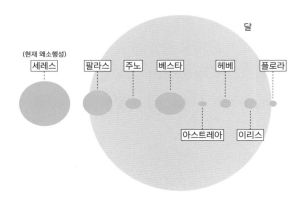

달(회색)과 소행성(분홍색)의 크기 비교

에 다섯 번째 소행성인 아스트레아Astrea를 발견한 거야. 1847년에는 여섯 번째 소행성인 헤베Hebe를 발견했지. 이어서 같은 해에 영국의 천문학자 존 러셀 하인드가 이리스Iris와 플로라Flora를 발견했어. 놀랍게도 이게 끝이 아니었지. 1800년대 후반까지 해마다 소행성을 적어도 1개씩은 발견했거든.

아스트레아와 헤베는 각각 그리스 신화에 나오는 정의의 여신과 청춘의 여신에게서 따온 이름이야. 이리스는 그리스 신화에서 무지개의 여신, 플로라는 로마 신화에서 봄의 여신을 가리키지. 맨 처음 발견한 세레스처럼 그리스 로마 신화에 등장하는 여신의 이름을 썼어. 그러다가 스무 번째 소행성에는 마살리아Massalia라는 이름을 붙였어. 마살리아는 프랑스의 항구 도시인 마르세유의 그리스식 이름이야. 처음으로 신화에서 이름을 따오지 않은 태양계 천체지. 이름을 붙이는 방식이 왜 갑자기 바뀌었냐고? 마살리아를 발견했을 때가 마침 1852년이었거든. 소행성이라는 단어가 공식화된 시점이지. 그렇다고 소행성에 더는 신의 이름을 붙이지 않은 건 아니야.

　독일의 천문학자 카를 구스타프 비트는 1898년에 최초의 근지구 소행성인 에로스Eros를 발견했어. 이름이 낯익지 않아? 맞아. 그리스 신화에 나오는 사랑의 신이야. 막시밀리안 볼프는 소행성 발견 역사에 한 획을 그은 독일의 천문학자야. 무려 소행성 248개를 발견했지. 아킬레스Achilles는 볼프가 1906년에 최초로 발견한 트로이 소행성이야. 목성의 궤도 위에서 목성에 앞서거나 뒤를 따라 태양을 돌지. 그리스 신화에 등장하는 전쟁 영웅 아킬레우스 알지? 불사신이었지만 유일한 약점이었던 발뒤꿈치에 화살을 맞고 죽었잖아. 오늘날 치명적인 약점을 '아킬레스건'이라고 부르는 이유지. 소행성 발견 초창기에는 이렇게 화성과 목성 사이에 위치하지 않고 특이한 궤도를 가진 소행성에 신화 속 남신의 이름을 붙였어.

소행성의 이름을 짓는 법

소행성 이름이 신들과 관련 있다니 흥미롭지? 지금은 소행성의 이름을 전부 신화에서 따오지는 않아. 발견한 소행성의 개수가 1,000개를 훌쩍 넘기면서 이름을 붙이는 방식을 새로 만들었거든. 바로 임시 번호와 고유 번호야. 먼저 임시 번호는 소행성을 발견한 연도, 영문자, 숫자를 조합해서 만들어. 소행성을 발견하면 국제소행성센터MPC에 보고하게 되어 있어. 이때 지금까지 발견되지 않았던 소행성으로 확인되면 임시 번호가 자동으로 주어지지.

임시번호를 받은 소행성은 오랜 시간을 두고 관측이 이루어져. 그리고 소행성의 궤도가 확실해졌을 때 하나뿐인 고유 번호가 주어지지. 1800년대에는 소행성을 발견한 순서대로였지만 이제는 궤도가 확정된 순서대로 고유 번호를 붙이고 있어. 2023년 11월을 기준으로 지금까지 발견된 소행성은 모두 약 130만 개야. 그중에서 약 46%에 해당하는 소행성 60만 개가 고유 번호를 받았어. 이렇게 고유 번호를 받고 나면 드디어 이름을 가질 자격이 생기는 거야.

소행성의 이름은 누가 지을까? 바로 그 소행성을 맨 처음 발견한 사람이야. 발견자가 소행성의 이름과 뜻, 이유를 국제천문연맹IAU에 전달하면 소천체명명위원회에서 최종 결정을 내려. 먼저 발견했다고 해서 아무 이름이나 막 붙일 수 있는 건 아니야. 혹시 앞에서 이야기했던 독일의 천문학자 기억나? 맞아, 막시밀리안 볼프! 초창기에 소행성을 가장 많이 발견했던 사람이지. 볼프는 1902년에 소행성 2개를 새로 발견했어. 그리고 자신이 키우던 개의 이름을 따서 페트리나Petrina와 세피나Seppina라고 지었지. 이 사실이 알려지자 논란이 일었고 말이야. 결국 국제천문연맹에서는 소행성의 이름을 짓는 규칙을 만들었어. 아래에 적어 놓은 것 말고도 다양한 권고 사항이 있으니 한번 찾아봐!

- 영어로 16자 이내

- 되도록 한 단어로 지을 것
- 발음하기 편하고 뜻이 불쾌하지 않아야 함
- 이미 있는 소행성, 위성의 이름과 비슷하면 안 됨
- 동물의 이름이나 상업적인 목적의 이름은 제외
- 정치가와 군인, 관련 사건의 이름은 해당 인물이 사망하거나 사건이 일어난 지 100년이 지난 후
- 근지구 소행성의 경우 고대 신화와 관련된 이름을 붙일 것

이름을 정하는 기준이 까다롭다고 생각할 수도 있어. 재치 만점인 소행성 이름을 들으면 생각이 달라질 거야. 프랑스를 대표하는 소설인 〈레 미제라블〉 알지? 이 책에서 주인공 장 발장은 빵을 훔친 벌로 감옥에 갇혀. 그때 받은 죄수 번호가 24601번이야. 그래서 이 번호를 고유 번호로 받은 소행성에 발장Valjean이라는 이름을 붙였대.

고유 번호가 2037번인 소행성의 이름은 트라이팍셉탈리스Tripaxeptalis야. 트라이팍스-셉트앨리스라고 나눠서 발음하면 3을 뜻하는 트라이tri와 7을 뜻하는 셉트sept가 각각 팍스Pax와 앨리스Alice 앞에 오게 돼. 실제로 소행성

팍스의 고유번호가 679번, 소행성 앨리스의 고유번호가 291번인데 각각 3과 7을 곱하면 둘 다 2037이 나와! 정말 기발하지?

유명한 영화 배우의 이름도 많이 써. 9007번 소행성은 제임스 본드James Bond, 12818번 소행성은 톰행크스Tomhanks, 3768번 소행성은 먼로Monroe라는 이름을 갖고 있지. 먼로는 미국의 영화배우이자 금발 미녀로 유명한 마릴린 먼로의 성이야. 이 밖에 비틀즈, 모차르트, 베토벤처럼 유명한 음악가의 이름이 붙은 소행성도 있어!

우리말 이름이 붙은 소행성은 없냐고? 물론 있지. 1998년 한국인이 최초로 발견한 소행성의 이름이 바로 통일Tongil이야. 한국천문연구원에서는 가장 처음으로 고유 번호를 받은 34666번 소행성에 보현산Bohyunsan이란 이름을 붙였지. 2000년대 초반에 보현산 천문대의 1.8m 망원경으로 소행성을 많이 발견해서야. 이후에는 한국에서 최초로 화약을 발견한 최무선, 조선 시대 최고의 과학자 장영실, 《동의보감》을 쓴 명의 허준, 《대동여지도》를 만든 김정호 등 우리나라 위인의 이름을 따서 지었어.

놀랍게도 이름을 가진 소행성은 전체 소행성 가운데

우리나라에서 처음 발견한 근지구 소행성인
2018 PM28(분홍색 동그라미) ⓒ한국천문연구원

5%도 되지 않아. 해마다 고유 번호를 받는 소행성이 워
낙 많아서야. 그리고 사실 고유 번호만으로도 이미 다른
소행성과 구별이 가능하거든. 이 말은 아직도 이름을 붙
일 수 있는 소행성이 많이 남았다는 이야기지. 2018년 8
월 우리나라는 칠레, 호주, 남아프리카공화국 관측소의
망원경으로 근지구 소행성 2개를 발견했어. 그 주인공은
2018 PM28과 2018 PP29야. 보다시피 아직 임시 번호

만 있어서 이름을 붙일 수 있는 단계는 아니지. 만약 나중에 고유 번호를 받게 되면 국제천문연맹의 권고에 따라 고대 신화와 관련된 이름을 붙일 확률이 높아. 물론 선택은 우리 몫이지! 과연 우리나라가 발견한 근지구 소행성에는 어떤 이름이 붙게 될까? 한번 상상해 봐!

최초의 외계 소행성, 너의 이름은?

2017년 10월 19일, 미국 하와이대학교의 소행성 탐사팀이 밤하늘에서 빠르게 움직이는 천체 하나를 발견했어. 이 천체는 지구로부터 3,300만 km 떨어진 거리에서 이미 태양계를 벗어나고 있었지. 처음 태양계에 진입할 때는 초속 26.3km였는데 태양에 가까워지자 초속 87.7km로 무섭게 질주했을 거래. 나중에 이 천체가 우리 태양계 밖에서 왔다는 사실이 밝혀졌지. 우리 태양계 말고 다른 행성계가 있다는 것도 믿기 어려운데 그곳에서 여기까지 날아왔다니! 이 천체가 태양계 밖에서 온 최초의 성간 천체라는 사실이 알려지자 임시 번호도 C/2017 U1에서

1I/2017 U1으로 바뀌었어. 여기서 1I는 첫 번째로 발견한 성간 천체라는 의미야.

이 외계 소행성의 이름은 과연 뭐라고 지었을까? 외계 소행성을 처음 발견한 하와이대학교의 소행성 탐사팀은 오우무아무아'Oumuamua라는 이름을 지었어. 하와이어로 '손을 뻗어서 물건을 잡다'를 뜻하는 오우'ou에 '첫 번째, 앞서'를 뜻하는 무아mua를 합친 이름이지. 쭉 연결하면 '먼 곳에서 찾아온 메신저'라는 의미래. 멋지지?

소행성의 이름을 붙일 수 있는 권리는 발견자에게 있어. 내가 직접 소행성을 발견하지 못하더라도 기회는 있어. 우리나라에서 소행성을 발견하기 위한 전용 망원경을 만들고 있거든. 나중에 이 망원경으로 새로운 소행성을 많이 찾게 되면 '소행성에 멋진 이름 붙이기' 같은 대국민 공모전을 열 계획이야. 그러니 소행성에 얼마나 멋진 이름을 붙일지 한번 생각해 보는 건 어때?

바쁘다 바빠

요점만 싹둑! 공부 절취선

✂

소행성

태양 주위를 도는, 행성보다 작은 천체. 행성으로 성장하지 못한
덕분에 태양계 초기 물질을 가지고 있음

분화

행성처럼 질량이 큰 천체의 내부가 여러 층으로 나뉘는 현상

소행성대

화성과 목성 사이에 소행성이 많이 모여 있는 곳

미행성체

태양계 형성 초기에 여러 물질이 뭉쳐서 만들어졌으며
행성이 되기 전의 천체

공전

한 천체가 다른 천체의 둘레를 일정한 주기로 도는 현상

자전

천체가 자신의 한 축을 중심으로 도는 현상

근지구 소행성

지구의 공전 궤도와 만나거나
지구 가까이 접근하는 궤도를 가진 소행성

섭동

천체의 궤도가 다른 천체의 영향을 받아
본래의 상태를 유지하지 못하는 현상

궤도 공명

두 천체의 공전 주기가 일정한 비율로 나타날 때
서로 중력의 영향을 계속 주고받는 현상

야르콥스키 효과

태양 빛을 받아 대기가 없는 천체의 궤도가 변하는 현상

크레이터

소행성이나 운석 등이 천체에 충돌했을 때 생기는 구덩이

왜소행성

행성보다 작지만 공처럼 둥근 형태를 띨 만큼
질량이 충분한 태양계 천체

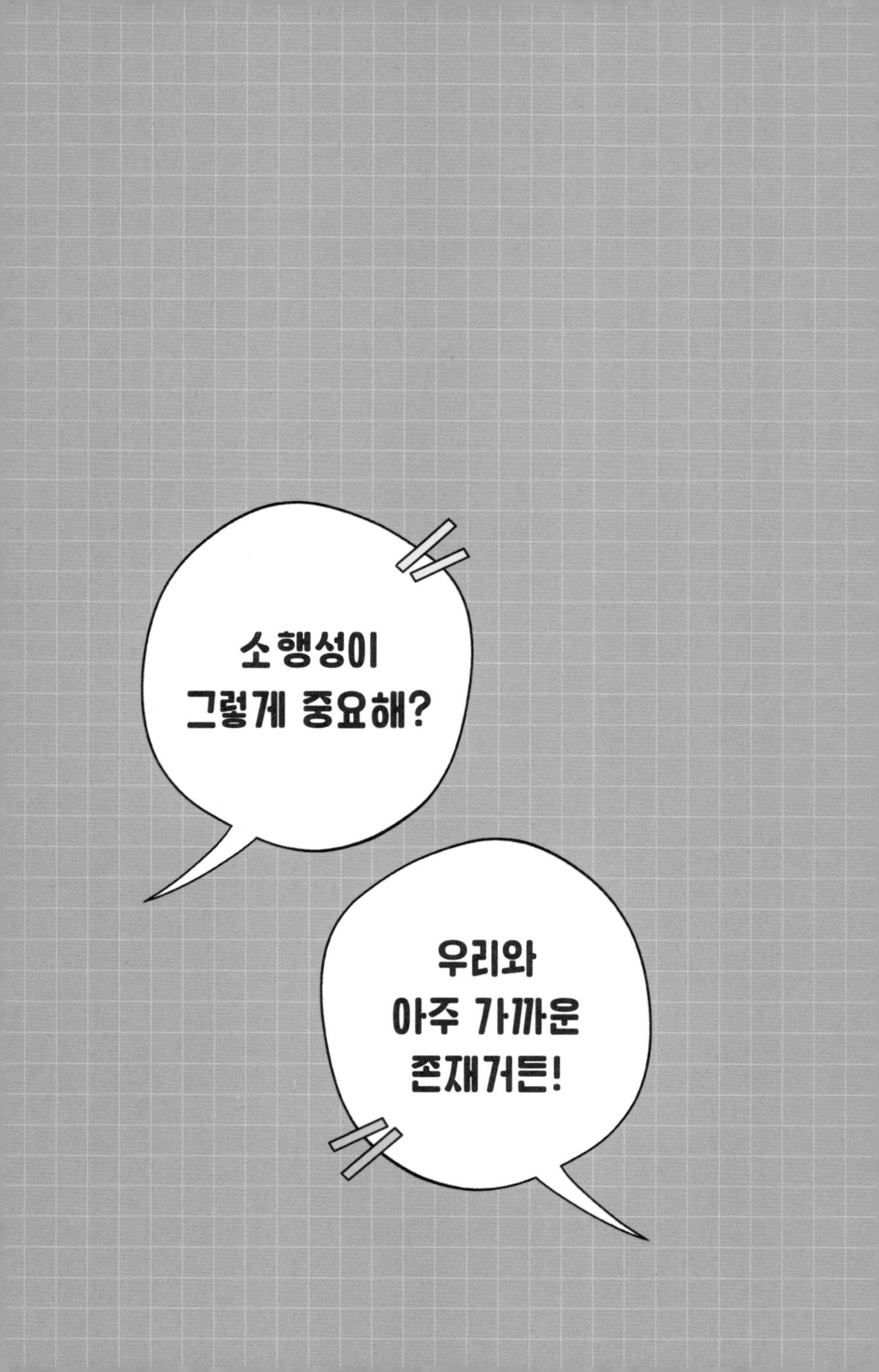
소행성이 그렇게 중요해?
우리와 아주 가까운 존재거든!

우리는 소행성으로 간다

해저 탐사 또는 탐사선이라는 말을 들어 봤을 거야. 둘 다 '탐사'라는 말이 들어가지. 인류는 오래전부터 한 번도 가 보지 못한 곳을 탐험해 왔어. 미지의 세계에 대한 호기심으로 신대륙을 발견하고, 남극과 북극처럼 사람이 살기 힘든 곳으로도 인간의 영역을 넓혀 갔지. 우주라고 예외는 아니야. 1957년 10월 4일, 소련이 세계 최초로 인공위성 발사에 성공하며 우주 탐사의 문을 열었어. 1969년 7월 20일에는 미국의 아폴로 11호가 달에 착륙했고 말이야. 당시 미국의 대통령이었던 존 F. 케네디의 연설은 인류가 우주로 나아가려는 목적을 잘 보여 줘. 지금 봐도 심장이 두근거리지.

"우리는 달에 가기로 했습니다. 우리는 10년 안에 달에 갈 것입니다. 우리가 그렇게 결정한 이유는 그것이 쉬워서가 아니라 어려워서입니다."

이제 우리는 달뿐 아니라 소행성으로 가려고 해. 미국 항

공우주국NASA, 유럽 우주국ESA, 일본 우주항공 연구개발 기구JAXA 등 수많은 나라가 앞다퉈 소행성을 연구하고 있지. 왜일까? 세 가지로 정리할 수 있어.

첫째, 그것이 과학이기 때문이야. 과학이 뭐라고 생각하니? 과학은 인류의 호기심에서 출발했어. 우리 태양계는 어떻게 생겨났을까? 태양계가 처음 만들어졌을 때 모습은 과연 어땠을까? 끊임없는 질문을 던지며 답을 찾은 결과가 바로 지금의 과학이지. 앞에서 말했듯이 소행성은 우리 태양계의 화석과 같아. 소행성을 통해 앞선 질문들에 대한 답을 찾을 수 있겠지. 소행성에서 흙을 가져오려는 것도 같은 이유야.

둘째, 지구를 지키기 위해서야. 지구 주위에 있는 소행성들은 언제라도 지구에 위협이 될 수 있어. 그들이 우리를 찾아오기 전에 우리가 먼저 그들을 찾아 나서는 거지. 적을 알고 나를 알면? 백전백승이니까!

셋째, 미래 자원 때문이야. 소행성에는 돈으로 환산하기 어려울 정도로 엄청나게 많은 광물이 있을 것이라 여겨지거든. 이렇게 보면 지구 주변에 소행성이 많은 게 꼭 나쁜 것만은 아니지. 훨씬 적은 비용과 시간으로 우주 광물을 가져올 수 있으니까. 물론 소행성에서 광물을 캐 온다고 하더라도 아직은 기술적인 한계가 있긴 해. 하지 만 앞으로 펼쳐질 우주 시대를 생각해 봐. 어렵다고 무작 정 피해서는 아무것도 할 수 없어. 소행성 탐사는 어려운 만큼 인류에게 아주 커다란 결실을 가져다줄 거야. 불가 능해 보여도 도전해 볼 만한 가치가 있는 거지. 케네디 대 통령의 연설처럼 말이야!

소행성을 탐사하는 세 가지 방법

소행성에 가는 방법에는 어떤 것이 있을까? 소행성은 중 력이 매우 작아. 그래서 탐사선이 소행성 주위를 공전하 거나 착륙하는 게 무척 어려워. 소행성대 소행성의 질량 을 모두 합쳐도 달이 가진 질량의 3%도 되지 않는다면 이해가 좀 되겠지? 과거 소행성 탐사는 말 그대로 인류에 게 도전이었어. 그렇다면 오늘날 탐사선은 소행성을 어 떻게 탐사할까? 크게 근접 통과 비행, 동행 비행, 착륙으 로 나눌 수 있어.

+ 근접 통과 비행 +

근접 통과 비행은 말 그대로 소행성 근처를 날아간다는 뜻이야. 소행성으로부터 일정한 거리를 두고 그냥 지나쳐 버리는 거지. 소행성도 태양을 중심으로 공전하니까 소행성과 탐사선은 서로 움직이면서 어느 시점에 가까워졌다가 다시 멀어져. 근접 통과 비행은 세 가지 방법 가운데 탐사선의 비행 궤도를 계산하기가 가장 쉽고 연료 소비량이 적어. 우리가 소행성의 궤도를 정확히 알고 있다고 할 때, 어느 순간에 소행성을 스쳐 갈지만 결정하면 되거든. 탐사선은 그 시각에 그 위치를 지나가기만 하면 되는 거야. 그래서 보통 첫 소행성 탐사에 근접 통과 비행을 많이 이용해. 다만 짧은 시간에 소행성을 스쳐 지나가기 때문에 소행성으로부터 얻을 수 있는 정보가 많지는 않아. 대략적인 생김새나 표면의 특성만 알 수 있지.

+ 동행 비행 +

동행 비행은 랑데부rendez-vous라고도 해. 프랑스어로 '만남, 약속, 만나기로 한 장소'라는 의미를 가지고 있지. 말그대로 탐사선이 소행성과 만나거든. 우리가 친구랑 얼굴만 잠깐 보고 스쳐 지나가는 것을 만났다고 하진 않잖아? 만남이 길어질수록 서로를 더 깊이 알 수 있듯이 탐사선도 소행성과 오랜 기간 함께하면 소행성에 대해 더 많이 알 수 있어. 동행 비행을 다른 말로 '소행성과의 상대 속도를 0으로 맞춘다'라고 해. 속도는 속력에 방향이 더해진 거야. 따라서 상대 속도가 0이라는 말은 탐사선과 소행성이 동일한 궤도와 속력으로 움직인다는 뜻이지. 이때 탐사선에서 보는 소행성의 모습은 마치 멈춰 있는 것처럼 보여. 만약 소행성이 지구처럼 자전한다면? 소행성을 360도로 관측할 수 있겠지! 근접 통과 비행보다 훨씬 더 많은 정보를 얻을 수 있는 거야.

동행 비행에도 단점은 있어. 성공하기 어렵고 연료를 많이 소모하거든. 지구를 벗어날 때 한껏 끌어올린 속도를 소행성 근처에 와서는 다시 줄여야 하니까. 속도를 줄이려면 많은 연료가 필요하겠지? 하지만 동행 비행 연구는 나중에 쓸 데가 많아. 우주선이 우주 정거장과 도킹하거나 우주 쓰레기를 수집할 때도 써먹을 수 있어. 예를 들어 우리가 지구 주변을 시속 2만 7,000km로 빠르게 돌고 있는 우주 정거장에 가야 한다고 생각해 보자. 우리가 탄 우주선의 속력과 방향을 우주 정거장과 똑같이 맞추지 않으면 들어갈 수 없겠지? 지구 주변을 떠돌아다니는 우주 쓰레기를 잡을 때도 마찬가지야. 동행 비행과 같은 원리지!

+ 착륙 +

착륙은 탐사선이 소행성의 표면에서 검사에 필요한 물질인 시료를 채취하거나 그 자리에서 바로 분석하는 방법이야. 세 가지 방법 중 제일 어렵고 가장 많은 연료가 필요하지. 하지만 그만큼 얻을 수 있는 게 많아. 소행성 표면에서 가져온 시료는 태양계 화석 표본이나 마찬가지니까. 착륙을 하려면 먼저 소행성과의 동행 비행에 성공해야 해. 소행성과 상대 속도를 0으로 맞추고, 소행성에서 적절한 착륙지를 선정하지. 착륙지를 고를 때는 탐사선의 안전이 최우선이야. 아무리 귀중한 시료가 있는 곳이라도 되돌아오지 못하면 의미가 없거든. 탐사선이 지구로 돌아와야 과학자들이 시료를 분석할 수 있으니까.

소행성 착륙이 어렵다고 말한 이유는 착륙할 때 달이나 화성처럼 천체의 중력을 이용할 수 없어서야. 소행성의 중력이 매우 작다고 말했던 것 기억하지? 게다가 소행성은 가만히 멈춰 있지 않고 1초 동안에도 아주 빠르게 움직여. 이런 소행성에 탐사선을 착륙시킨다는 것은 날아가는 총알 위에 올라타는 것보다 훨씬 어렵지. 게다가 이 모든 과정에 지구와의 통신이 없다고 생각해 봐. 탐사선에는 보통 사람이 타고 있지 않아. 탐사선 스스로 모든 것을 판단하고 임무를 수행해야 한다는 뜻이야. 현실판 〈미션 임파서블〉이나 다름없어.

마지막으로 근접 통과 비행과 동행 비행은 모두 편도 임무지만 착륙은 왕복 임무야. 당연히 훨씬 더 많은 연료가 필요하지. 착륙이 얼마나 힘든 일인지 알겠지? 실제로 탐사선이 소행성에서 시료를 채취해 지구로 돌아오는 데 성공한 나라는 전 세계에서 아직 일본과 미국밖에 없어.

우주에서 찍은 최초의 소행성

1989년 NASA의 목성 탐사선 갈릴레오가 발사됐어. 갈릴레오는 목성을 향해 가던 1991년 10월 말, 소행성 가스프라Gaspra를 촬영하는 데 성공했지. 최초로 우주에서 소행성을 찍은 사진이었어. 아래 사진은 소행성이 점이 아닌 면적을 가진 천체라는 사실을 잘 보여 줘. 가스프라는 소행성대 소행성 중에서는 다소 작은 편이야. 그런데도 충돌의 흔적인 크레이터가 표면 곳곳에 퍼져 있지. 이러한 모습은 소행성대에서도 작은 천체가 충돌하는 일이

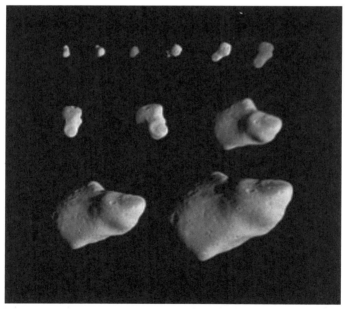

갈릴레오가 찍은 소행성 가스프라 ©NASA/JPL

잦다는 걸 의미해. 이전에는 계산과 시뮬레이션으로만
예상했던 사실을 실제 관측으로 확인한 거야.

갈릴레오의 탐사는 여기서 끝나지 않았어. 곧이어
1993년 8월, 소행성 아이다Ida를 만났고 아래 사진을 보
내 왔지. 그렇게 아이다는 가스프라 다음으로 우주에서
찍은 두 번째 소행성이 됐어. 그런데 이 사진을 받아 본
지구의 과학자들은 깜짝 놀랐어. 소행성이 지구의 달처
럼 위성을 가지고 있었거든. 알다시피 지구의 위성은 달
1개야. 화성의 위성은 포보스와 데이모스로 2개지. 목성

갈릴레오가 찍은 소행성 아이다(왼쪽)와 그 위성 닥틸(오른쪽) ⓒNASA/JPL

과 토성은 위성을 수십 개 가지고 있어. 반면에 중력이 약한 소행성은 위성을 갖기 어려워. 그래서 과학자들은 소행성에도 위성이 있느냐 없느냐로 오랫동안 논쟁을 벌여 왔어. 그러다가 갈릴레오가 찍은 사진 한 장으로 소행성도 위성을 갖고 있다는 사실이 증명된 거야.

사진의 주인공인 아이다는 1884년 오스트리아의 빈 천문대에서 발견한 소행성이야. 그리스 신화의 최고신인 제우스를 어릴 때 보살핀 요정에게서 이름을 따왔지. 그럼 갈릴레오가 발견한 소행성의 위성은 이름이 뭘까? 바로 닥틸Dactyl이야! 그리스 크레타섬의 아이다산에 살았다고 전해지는 닥틸스라는 존재에게서 이름을 따왔지. 닥틸스도 제우스를 아기일 때 보호했다고 해.

탐사선 갈릴레오는 우주의 신비를 푸는 중요한 단서를 지구에 전해 줬어. 나머지는 지구에 있는 과학자들의 몫이지. 소행성은 중력이 매우 약한데 도대체 어떻게 위성을 가지고 있을까? 소행성에서 튕겨져 나온 파편일까? 과학자들은 끊임없이 질문을 던졌어. 아직 확실한 건 없지만 과학자들이 연구를 거듭하고 있으니 곧 놀라운 사실이 밝혀질지도 몰라.

소행성 탐사선의 시조새,
니어 슈메이커

인류가 최초로 소행성을 발견한 게 1801년이라고 했지? 그로부터 무려 97년이 지난 후에 최초의 근지구 소행성을 발견했어. 바로 사랑의 신에게서 이름을 딴 에로스! 기억나지? 지구 궤도 근처에는 사실 소행성이 많아. 크기가 무척 작고 어두워서 그동안 발견하지 못했을 뿐이지. 사실 에로스도 우연히 발견한 거야. 에로스는 지름이 약 30km로, 근지구 소행성 중에서는 두 번째로 커. 소행성대 소행성과 비교하면 작은 편이지만 말이야.

에로스를 탐사하기 위해 만들어진 탐사선이 니어 슈메이커야. 니어NEAR는 근지구 소행성 동행 비행Near Earth Asteroid Rendezvous의 줄임말이야. 슈메이커Shoemaker는 1997년 교통사고로 사망한 행성과학자 유진 슈메이커를 추모하는 의미에서 나중에 덧붙였다고 해. 니어 슈메이커는 그 이름에서 알 수 있듯이 소행성의 동행 비행이 목적이야. 1996년에 지구를 떠나 1997년에 소행성 마틸다Mathilde를 1,200km 떨어진 거리에서 관측했지. 그리고

2000년 2월 14일 밸런타인데이에는 에로스에 도착했어.

니어 슈메이커는 인류 최초로 소행성 탐사만을 위해 만들어진 탐사선이야. 실제 목표였던 에로스를 동행 비행하며 1년 동안 데이터를 수집했지. 덕분에 표면의 광물 성분, 내부 질량 분포, 자기장 등 에로스에 대해 많은 사실을 알아냈어. 또한 니어 슈메이커는 화성보다 먼 거리를 가는 동안 태양 전지판으로 전력을 생산한 최초의 우주선이야. 1970년대 후반에 발사한 보이저가 지금도 원

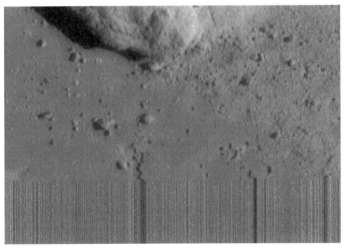

니어 슈메이커가 전송한 마지막 영상 ⓒNASA/JHU-APL

자력 발전으로 전력을 만들어 쓰는 것과 다르지.

과학자들은 소행성 탐사 임무를 완료한 니어 슈메이커를 에로스에 착륙시키기로 결정했어. 원래 착륙을 위해 만들어진 탐사선이 아니다 보니 걱정이 많았지. 다행히 니어 슈메이커는 2001년 2월 12일에 말안장처럼 움푹 팬 에로스 위에 부드럽게 착륙했어. 그 후에도 2주 넘게 지구의 과학자들과 계속 통신했고, 에로스의 표면에서 성분 데이터를 확보할 수 있었지. 소행성을 향한 인류의 도전이 본격적으로 시작된 거야!

기적의 불사조, 하야부사

인류의 소행성 탐사는 일본의 JAXA가 바통을 이어받았어. 그 주인공은 일본어로 송골매를 뜻하는 하야부사 Hayabusa야. 하야부사는 2003년 5월에 지구를 떠난 뒤, 2005년 9월에 소행성 이토카와Itokawa에 도착했어. 그리고 세계 최초로 소행성 표면에서 채취한 시료를 가지고 2010년 6월 지구로 돌아왔지. 약 7년이라는 시간 동안 무려 60억 km를 비행한 셈이야. 지구로 돌아온 우주선 중에서 가장 긴 거리를 비행한 것으로 기네스북에 올랐지.

사람들은 하야부사를 기적의 불사조, 불굴의 탐사선이라고도 해. 아래 그림을 보면 소행성에 착륙한 하야부사가 한쪽으로 기울어져 있지? 실제로 하야부사가 어떻게 착륙했는지는 알 수 없어. 하야부사에 달린 카메라로는 하야부사를 볼 수 없으니까. 하지만 착륙이 제대로 이루어지지 못한 것은 확실하지.

이렇게 된 원인에는 몇 가지가 있어. 먼저 하야부사

이토카와에 착륙한 하야부사를 상상한 그림 ⓒJAXA/ISAS

가 이토카와로 가는 도중에 큰 태양 폭발이 일어나 탐사선의 태양 전지가 망가졌어. 결국 하야부사는 예상보다 3개월 늦게 소행성에 도착했지. 설상가상으로 자세제어 장치 3개 중 2개가 고장 났어. 몸체의 균형을 잡기가 어려운 상황에도 하야부사는 착륙을 시도했어. 그리고 시료를 채취하기 위해 작은 쇠구슬 탄환을 발사했는데 실패한 거야. 결국 긴 막대기를 직접 소행성 표면에 가져다 댔는데 그 과정에서 문제가 생겼지. 급기야 지구와의 통신도 끊어졌어. 결국 7주가 지나고 극적으로 통신이 연결된 하야부사에 지구 귀환 명령이 떨어졌어. 하야부사는 모두의 우려 속에서 2010년 6월 지구로 무사히 돌아왔지. 원래 4년이면 끝났을 여정에 3년이 더 걸렸으니 하야부사를 왜 불사조라 부르는지 알겠지? 과학자 입장에서는 정말 눈물 없이 들을 수 없는 이야기야.

고생 끝에 돌아온 하야부사에는 이토카와의 표면에서 얻은 시료가 들어 있었어. 1g도 안 되는 양으로 아주 적었지만 귀한 연구 자료였지. 시료를 분석한 결과, 이토카와의 표면을 덮고 있던 흙이 태양계 초기의 물질임을 확인할 수 있었어. 그리고 지구에 떨어진 운석의 기원이 대부분 석질 소행성이라는 사실을 최초로 증명해 냈어. **석질 소행성**이란 감람석 같은 규산염 광물이 주성분인 소행성을 말해. 예를 들어 이토카와와 에로스가 있지. 이렇게 수많은 역경을 극복하고 지구로 귀환한 하야부사는 전 세계 사람들에게 큰 감동을 줬어. 나중에는 하야부사를 소재로 한 영화 세 편이 만들어졌지. 그런데 하야부사의 이야기가 여기서 끝났다고 생각하면 오산이야. 하야부사의 이름을 딴 하야부사 2도 엄청난 성과를 인류에게 가져다줬거든!

완벽 그 자체인
하야부사 2의 활약

하야부사 2는 하야부사처럼 소행성 표면에서 시료를 채취해서 지구로 귀환하는 임무를 위해 만들어졌어. 통신 장비나 엔진에서 하야부사가 겪었던 문제점을 보완했지. 또한 시료 채취 횟수를 2회에서 3회로 늘렸고, 총알처럼 생긴 충돌 장치를 탑재했어. 그리고 소행성 표면 아래에 있는 태양계 원시 물질을 채취하는 임무가 추가됐지.

하야부사가 탐사한 이토카와는 석질 소행성이었어. 반면에 하야부사 2의 탐사 대상인 류구Ryugu는 탄소질 소행성이야. **탄소질 소행성**은 탄소로 주로 이루어진 소행성을 말해. 지구 근처에서 발견되는 개수가 석질 소행성보다 매우 적고 유기물을 품고 있을 것으로 여겨져. 이 외에 행성의 핵을 구성하는 철, 니켈 같은 금속으로 이루어진 **철질 소행성**이 있어. 소행성은 이렇게 석질 소행성, 탄소질 소행성, 철질 소행성 세 가지로 나뉘어.

류구는 지름이 약 900m로 이토카와보다 2~3배 더 커. 하야부사 2는 2014년에 일본 다네가시마 우주센터에

하야부사 2가 촬영한 소행성 류구 ©JAXA

서 발사됐어. 1년 뒤에는 지구 궤도를 아주 가까이 지나
갔고, 2018년에는 류구에 예정대로 도착했지. 하야부사
2는 류구를 떠나는 2019년까지 활발한 탐사 활동을 벌
였어. 하야부사 2가 이룬 대표적인 성과 세 가지를 소개
할게.

첫째, 세계 최초로 소행성에 탐사차를 보내는 데 성
공했어. 이전 하야부사도 탐사차를 싣고 가기는 했지만
소행성 표면에 착륙시키지는 못했거든. 과거의 착륙 실
패를 딛고 얻어 낸 값진 결과지. 소행성은 표면의 중력이

하야부사 2의 탐사차가 찍은 류구 표면 ©JAXA

굉장히 약하기 때문에 바퀴를 굴려서 탐사차를 움직일 수 없어. 바퀴는 지면과의 마찰이 필요하거든. 물체를 끌어당기는 중력이 약하면 바퀴가 헛돌겠지? 그래서 하야부사 2는 '호핑'이라는 방법을 썼어.

호핑은 탐사차 안에 회전을 일으켜 그 힘의 반작용으로 움직이는 방법이야. 하야부사 2의 탐사차는 이 방법으로 류구를 이곳저곳 돌아다니며 사진을 찍고 표면 온도와 자기장을 측정했어. 앞의 사진은 하야부사 2의 탐사차가 류구 착륙에 성공했을 때 찍은 사진이야. 당시 사진을 본 연구진의 반응이 어땠는지 아니? 류구는 용왕이 사는 용궁을 뜻하는 일본어인데, 정말 용궁을 찍은 것 같다는 감탄이 터져 나왔지!

둘째, 세계 최초로 탄소질 소행성에 착륙해서 시료를 채취했어. 2019년 2월 21일, 하야부사 2는 한국 시각으로 오전 8시부터 하강을 시작해 다음 날 오전 7시 30분에 멋지게 착륙에 성공했어. 하야부사의 이토카와 착륙이 불시착에 가까웠다면 하야부사 2의 류구 착륙은 완벽에 가까웠지. 원래 착륙하려던 곳과 실제 착륙한 곳의 오차가 불과 1m밖에 되지 않았거든. 태양 전지판을 포함한 하야부사 2의 크기가 약 6m인 것을 고려하면 착륙 지점을 아주 정확하게 맞춘 셈이지.

하야부사 2의 완벽한 착륙은 타깃 마커 덕분이야. 착륙 지점에 미리 떨어뜨려 놓은 타깃 마커를 기준으로 탐사선이 나아갈 방향과 거리를 더욱 정확하게 계산할 수 있었거든. 타깃 마커는 햇빛을 받으면 표면 반사율이 높은 흰색을 띠어. 그래서 어두운 곳에서도 쉽게 눈에 띄지. 타깃 마커의 역할은 또 있어. 바로 하야부사 2를 응원하는 캠페인이야. 2013년에 실시한 이 캠페인에는 약 18만 명이 참여해 자신의 이름과 응원 메시지를 타깃 마커에 새겨 넣었어.

셋째, 세계 최초로 소행성 표면에 물체를 부딪쳐 인공 크레이터를 만들고 표면 아래에서 시료를 채취했어. 우주 공간에는 높은 에너지를 가진 작은 알갱이가 많아. 이 알갱이들이 소행성 표면을 변화시키지. 그래서 과학자들은 달이나 소행성처럼 대기가 없는 천체의 현재 표면이 원래 모습이 아니라고 생각해. 우주 풍화를 겪으며 달라졌다고 보지. **우주 풍화**란 우주 공간의 고에너지 입자, 태양풍 등으로 소행성의 표면이 어둡게 변하는 현상을 말해. 만약 소행성의 표면이 아닌 그 아래에서 시료를 채취할 수 있다면 태양계가 만들어질 때 환경을 알아낼 수 있겠지! 하야부사 2는 류구 표면에 총알처럼 생긴 충돌 장치를 쏴서 크레이터를 만드는 데 성공했어.

하야부사 2는 2020년 12월 5일에 시료가 든 캡슐을 지구로 무사히 내려보냈어. 류구에 도착해 임무를 마치기까지 어떤 실수도 없었지. 놀랍게도 하야부사 2가 보낸 캡슐을 열어 봤더니 처음 목표보다 50배 많은 흙 5.4g이 담겨 있었어! 착륙 과정에서 소행성 표면으로부터 크고 작은 돌이 튀어 올랐는데 그때 캡슐에 함께 실린 것으로 추측하고 있지.

하야부사 2가 채취해 온 시료 덕분에 오늘날 과학자들은 우리 태양계의 기원과 진화를 밝히는 여러 연구를 진행하고 있어. 최근에는 류구의 흙에서 생명체의 기원이 되는 물과 유기물을 발견하기도 했지. 앞으로 더 많은 발견이 기대돼. 하야부사 2의 본체는 지금도 우주를 여행하고 있어. 다른 소행성을 탐사하는 연장 임무에 들어갔거든. 2031년쯤 도착할 예정이라고 하니 다시 긴 여행을 떠난 하야부사 2를 함께 응원해 보자!

미국 최초의 소행성 시료 귀환선, 오시리스 렉스

미국은 인류 최초의 소행성 탐사선인 니어 슈메이커의 뒤를 이어 2007년에 돈Dawn을 발사했어. 돈은 소행성 베스타와 지금은 왜소행성으로 분류된 세레스를 탐사하는 임무를 맡았지. 이 두 천체는 다른 소행성보다 크기가 커. 지름이 약 940km인 세레스와 520km인 베스타의 질량을 합치면 소행성대 소행성을 모두 합친 질량의 절반쯤 되거든. 돈은 베스타와 세레스의 중력을 이용해 주위를 공전하며 두 천체를 관찰했어. 모든 임무를 마치고 2018년에 연료 고갈로 교신이 끊어졌지.

오시리스 렉스OSIRIS-REx는 중력이 작은 소행성을 고려해 만든 탐사선이야. 2016년에 발사됐지. 오시리스 렉스의 탐사 대상인 베누Bennu는 지름이 500m쯤 되는 소행성이야. 탄소질 소행성으로 류구와 같이 유기물이 많을 것으로 기대되지. 2182년 지구를 매우 가깝게 지나갈 예정인데 충돌 확률은 0.037%(2,700분의 1)야. 오시리스 렉스는 2018년 12월 베누에 도착했어.

혹시 2018년에 소행성 탐사 역사에 무슨 일이 있었는지 기억나? 맞아! 하야부사 2가 2018년 6월에 소행성 류구에 도착했잖아. 공교롭게도 둘 다 탄소질 소행성이지. 하야부사 2를 만든 일본의 JAXA와 오리시스 렉스를 만든 미국의 NASA는 누가 탄소질 소행성에 먼저 도착하는지를 두고 경쟁을 벌일 수도 있었어. 하지만 두 나라의 과학자들은 달랐어. 서로 손을 잡았거든! 탐사를 계획한 때부터 목표를 설정하고 어떻게 탐사할 건지 등 많은 부분에서 협력했지. 심지어 각자 개발한 데이터 분석 프로그램이 제대로 작동하는지 결과를 공유하기도 했어.

이게 끝이 아니야. 그들은 모두 탄소질 소행성의 시료를 채취하는 게 목표였어. 그래서 나중에 지구로 시료를 가져오면 서로 바꿔서 함께 연구하기로 약속했지. 2019년 3월에는 세계에서 인정받는 과학 학술지 〈네이처〉와 〈사이언스〉에 오시리스 렉스와 하야부사 2의 초기 탐사 결과를 동시에 싣기도 했어. 사실 두 나라는 각자 소행성 탐사를 수행할 역량이 충분했어. 그런데도 손을 잡았지. 인류의 과학기술 발전을 위해서 말이야. 멋지지?

다시 오시리스 렉스로 돌아가 볼까? 베누에 도착한

오시리스 렉스는 소행성의 표면을 분석하며 착륙 후보지를 골랐어. 예상과 달리 최종 착륙지를 정하는 데 어려움이 많았지. 베누 표면이 암석과 돌덩어리로 가득했거든. 1년 넘게 베누 주변을 돌면서 사진을 찍고, 그중에서 평평한 지역을 골라 착륙 후보지로 네 곳을 선정했지. 아래 사진을 봐. 돌덩어리가 정말 많지? 몇 군데는 최근에 생

오시리스 렉스의 착륙 후보지 ©NASA/Goddard/University of Arizona

긴 크레이터처럼 보여. 과연 탐사선을 어디에 착륙시키는 게 좋을까?

최종적으로 정해진 착륙지는 바로 나이팅게일이야! 오른쪽에 커다란 바위가 있긴 했지만 크레이터의 지름이 약 20m라서 탐사선이 착륙하기 넓었거든. 더군다나 이 지역에는 표면에 고운 알갱이가 많아서 시료를 채취하기 좋았어. 베누에서 북극 쪽이라 온도가 낮다 보니 표면 물질도 잘 보존되어 있었지. 과학자들 사이에서 새로운 물질이 있을지도 모른다는 기대가 컸지. 오시리스 렉스는 베누에 도착한 지 22개월 만에 착륙에 성공해 시료를 채

베누에 착륙한 오시리스 렉스를 상상한 그림 ©NASA/GSFC

취했어.

　착륙할 때 함께 찍힌 영상 분석에 따르면 착륙 당시에 베누 표면은 마치 볼풀 같았다고 해. 키즈카페에서 아이들이 다치지 않게 탱탱볼을 가득 채워 놓은 놀이 공간 알지? 베누 표면이 그랬다는 거야! 앞에서 배운 돌무더기 기억나? 소행성의 내부 구조는 여러 작은 돌덩어리가 중력으로 아주 헐겁게 뭉쳐진 상태라고 했잖아. 오시리스 렉스의 착륙으로 이 사실이 다시 한번 증명된 셈이지. 오시리스 렉스 탐사팀에서 이런 발표를 하기도 했어. "만약 탐사선의 시료 채취 장비가 베누의 표면에 닿자마자 다시 위로 올라가는 엔진을 가동하지 않았더라면, 탐사선은 그대로 소행성에 파묻히고 말았을 것"이라고 말이야. 신기하지?

　오시리스 렉스는 250g이 넘는 시료를 채취한 것으로 보여. 생각보다 많은 시료가 담기다 보니 캡슐 뚜껑이 제대로 닫히지 않아 새어 나오는 경우도 있었다고 해. 다행히 시료는 캡슐에 잘 보관되어 2023년 9월 24일 지구로 보내졌지. 시료를 초기 분석한 결과에 따르면 꽤 많은 물과 탄소가 확인됐다고 해. 물과 탄소는 생명체를 이루

지구에 도착한 오시리스 렉스의 캡슐 ©NASA/Keegan Barber

는 기본 요소야. 과연 우리는 오시리스 렉스가 보낸 시료를 통해 또 어떤 비밀을 알게 될까?

더 많은 소행성을 찾아서

아포피스Apophis라는 이름을 가진 소행성이 있어. 2029년 4월 13일에 지구에 아주 가까이 접근할 예정이지. 무려 지구 표면으로부터 3만 1,000km 떨어진 곳까지 말이야.

천리안이나 무궁화 같은 인공위성이 3만 6,000km 위에 있다는 점을 생각하면 얼마나 가까이 지구를 스쳐 지나가는지 실감 나지? 아포피스의 지름은 370m나 돼. 약 250m 높이로 세워진 63빌딩보다 훨씬 크지. 이렇게 커다란 소행성이 지구와 가까워지는 것은 2만 년에 한 번 일어날 정도로 드문 일이야. 아포피스는 지구를 스쳐 지나갈 때 지구 중력의 영향을 받아 궤도는 물론, 회전축과 속도가 변할 것으로 보여. 이뿐 아니라 표면에서 지형 변화가 나타날 거래.

이런 극적인 변화는 지구에서는 관측이 불가능해. 그래서 아포피스 대접근에 많은 나라가 탐사선을 보내는 데 열을 올리고 있지. 오시리스 렉스는 하야부사 2와 마찬가지로 시료가 든 캡슐을 지구로 보낸 뒤 연장 임무를 맡을 예정이야. 다음 탐사 대상이 바로 아포피스지. 이름도 오시리스 아포피스 탐사선을 줄인 오시리스 에이펙스 OSIRIS APEX로 바꾸고 아포피스를 향해 떠날 거라고 해. 시나리오상으로는 2029년 4월 21일경 아포피스에 도착할 것으로 보여. 만약 아포피스가 지구와 가까워지는 것보다 일찍 도착할 수 있다면 아포피스의 변화를 처음부터 관찰할 수 있을 거야.

　　인류가 지금까지 탐사선으로 촬영한 소행성 사진을 떠올려 봐. 지구가 공전하는 궤도 근처, 더 나아가 화성과 목성 사이까지 소행성은 수십만 개나 돼. 그리고 모두 저마다 고유한 특성을 가지고 있어. 어느 것 하나 똑같은 소행성이 없지. 만약 우리가 소행성을 한 곳이라도 잘 알게 된다면 그 소행성이 생긴 태양계 초기의 모습과 지금까지의 변화 과정을 밝히는 데 매우 중요한 단서를 얻을 수 있을 거야. 더욱이 소행성 탐사는 지구를 보호하고 미래 자원을 얻는 데에 그 어느 때보다 주목받고 있어. 바야흐로 소행성 탐사의 시대가 다가오는 셈이지. 앞으로 더 많은 탐사선이 지구를 떠나 소행성을 탐사하는 임무에 성공하기를 기원해 보자.

---✂-----

근접 통과 비행

탐사선이 일정한 거리에서 소행성을 관측하며 지나치는 탐사 형태

동행 비행

탐사선이 소행성과의 상대 속도를 0으로 유지하며 소행성 주변에
계속 머무르는 탐사 형태

착륙

탐사선이 소행성의 표면에서 시료를 채취하거나 분석하는
탐사 형태

석질 소행성

감람석 같은 규산염 광물로 대부분 이루어진 소행성

예) 이토카와, 에로스

탄소질 소행성

탄소로 주로 이루어진 소행성

예) 류구, 베누

철질 소행성

행성의 핵을 이루는 철, 니켈 같은 금속으로 이루어진 소행성

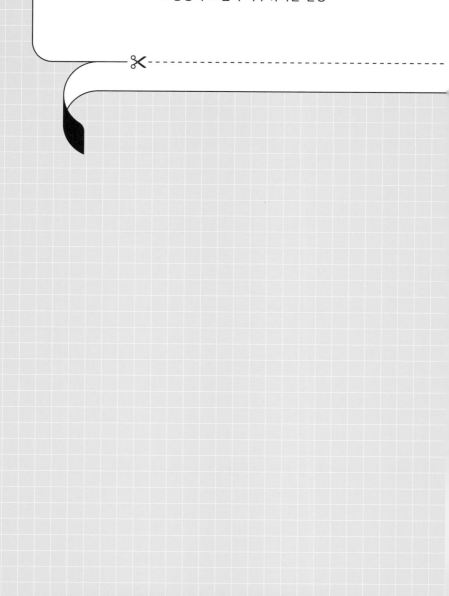

우주 풍화

우주 공간의 고에너지 입자와 태양풍 등으로
소행성의 표면이 어두워지는 현상

우주 자원이 우리를 기다려

요새 인터넷이나 뉴스를 보면 우주 개발, 우주 탐사, 우주 자원 등 우주에 대한 이야기가 참 많이 나와. 우주 개발과 우주 탐사는 인공위성과 로켓, 우주선을 이용해 우주 공간을 연구하고 탐사하는 것을 말해. 그럼 우주 자원은 무엇을 의미할까? 먼저 자원이란 석유나 철처럼 자연에서 만들어지는 물질을 말해. 그 물질을 활용해서 연료나 자동차 등 우리가 살아가는 데 필요한 물건을 만들고 기계를 움직이지.

자, 이제 우주 자원이 뭔지 알겠지? 우주 공간에서 인류가 필요한 물건을 만들 수 있는 원료가 **우주 자원**인 셈이야. 그렇다면 우주에 가장 많은 물질은 뭘까? 맞아. 수소야! 우주가 처음 만들어졌을 때부터 존재했고, 태양 같은 별들이 스스로 빛을 내는 데 필요한 연료지. 우리 일상과도 아주 친숙한 자원이야. 수소 자동차라고 들어 봤을 거야. 휘발유 자동차를 대체할 자동차 중 하나지. 수소를 연료로 쓰면 지구 열대화의 주범인 이산화탄소 대신 물을 배출하거든.

자원은 보통 자원이 생산되는 곳의 소유로 봐. 남극처럼 어느 한 국가가 자기 땅이라 주장할 수 없는 곳은 자원 채굴을 금지하는 평화 조약을 만들어 놓기도 했지. 그럼 드넓은 우주는 어떨까? 우주의 무한한 자원은 누가 채굴하고 누구의 것이 되는 걸까? 과거에는 우주를 소유의 대상으로만 여겼어. 누가 먼저 나가서 우주를 차지하느냐가 중요했지. 소련이 인류 최초로 인공위성을 발사하자 미국은 소련보다 먼저 달에 가려고 애썼기. 1980년대까지만 하더라도 미국과 소련은 우주를 두고 치열하게 경쟁했지. 이렇게 국가가 주도하는 우주 개발의 흐름을 '올드 스페이스 시대'라고 해.

요즘은 '뉴 스페이스 시대'야. 민간 기업의 주도로 기술 혁신이 일어나는 우주 개발의 새로운 흐름을 말하지. 일론 머스크라고 들어 봤지? 괴짜 억만장자이자 전기 자동차 회사인 테슬라의 최고 경영자로 유명하잖아. 미국의 우주 산업을 대표하는 스페이스 엑스도 머스크가 만든 회사야. 로켓을 재사용해서 발사 비용을 확 줄이고, 우주 관광을 시작하려고 하는 곳이지. 이러한 흐름과 맞물려서 우주 자원을 활용하는 일이 큰 관심을 받고 있어.

물론 그전에 짚고 넘어가야 할 게 있어. 우주 자원의 활용과 소유를 어떻게 할 것이냐 하는 문제야. 1967년에 **우주 조약**이 시행됐어. 인류는 우주를 평화적으로 이용하고, 우주 탐사는 자유로워야 한다고 밝히고 있지. 우주 공간은 모든 인류에게 열려 있고 어느 국가도 가질 수 없다는 게 핵심이야. 하지만 이 조약에는 우주 자원을 어떻게 활용할지에 대한 이야기가 빠져 있어. 당시에는 기술 수준이 높지 않았기 때문에 우주 자원을 활용할 생각을 미처 하지 못한 거야. 그러다가 1969년 아폴로 11호가 달에서 돌을 가져왔어. 이 돌에서 핵융합 원료로 쓸 수 있는 헬륨-3가 발견됐지. 최근 연구에 따르면 헬륨-3는 달에 100만 톤 넘게 묻혀 있을 거래. 자연스럽게 우주 자원에 대한 논의가 필요해졌지.

UN에서는 1979년에 달 자원의 소유를 금지하는 조약을 만들었어. 하지만 당시 우주 개발을 선도했던 나라 대부분이 서명을 거부해서 실효성이 별로 없지. 오히려 미국은 2015년, 룩셈부르크는 2017년에 민간 기업이 달 자원을 소유하는 걸 인정하는 법을 만들었어. 일본도 2021년에 우주에서 광물을 채굴한 자가 소유권을 갖도

아폴로 11호가 달에서 가져온 암석 ©NASA/JSC

록 법으로 정했지. 바야흐로 기업과 개인이 우주 개발을 주도하는 뉴 스페이스 시대가 도래한 거야. 그에 따라 우주 자원의 활용과 소유에 대한 이슈가 국제적으로 중요해지기 시작했어.

희귀 자원이 가득한 소행성

질문을 하나 할게. 혹시 하루 동안 스마트폰 없이 살 수 있어? 아마 자신 있게 그렇다고 말하는 사람은 드물 거야. 이제 스마트폰이 없으면 일상생활이 불가능할 정도니까. 그런데 우리의 필수품인 스마트폰을 만들기 위해서는 반도체 칩이 꼭 필요해. 반도체 칩에는 터븀, 네오디뮴 같은 희귀한 금속이 들어가지. 이러한 금속을 통틀어 '희토류'라고 해. 한자로 드물 희稀와 흙 토土, 무리 류類를 합친 말이야. 한마디로 지구 땅에서 희귀한 물질이라는 뜻이지.

희토류는 건조한 상태를 잘 견디고 화학적으로 매우 안정되어 있는 데다 열전도율이 높아. 그래서 스마트폰, 컴퓨터 같은 전자기기뿐 아니라 전기 자동차의 배터리, 태양광 발전기에도 쓰지. 희토류는 활용 범위가 늘어나면서 산업계의 주목을 받고 있어. 물론 이름대로 양이 적다 보니 구하기 어렵지. 하지만 희토류는 추출 과정에서 우라늄 같은 방사성 물질이 나와. 처리 과정에서 암모니아, 염산, 황산염 같은 위험한 화합물이 엄청나게 뿜어져 나오지. 예를 들면 희토류 1톤을 처리할 때 나오는 유독성 폐기물만 최대 200톤가량으로 추정돼. 쓰면 쓸수록 지구 생태계에 해로운 거야. 그렇다고 무작정 안 쓸 수는 없는 노릇이지.

이 문제의 해결 방안은 소행성에 있어! 한번 생각해 봐. 행성이 만들어질 때 무거운 물질은 가라앉고 그보다 가벼운 물질은 위로 뜨는 분화가 일어나며 내부가 층층이 나뉜다고 했지? 예를 들어 지구 중심부인 핵에는 철과 니켈 등 무거운 물질이 자리해. 그리고 이 핵을 두껍게 둘러싼 맨틀에는 암석이 대부분이야. 희토류는 이 중에서 맨틀에 있다고 여겨져. 반면에 소행성은 질량이 작아 분화가 잘 일어나지 않는다고 했어. 그래서 물질이 안팎에 골고루 섞여 있지. 소행성을 절반으로 쪼개도 내부와 표면의 물질이 같다는 말이야. 희토류를 얻기 위해 굳이 지하 깊숙이 땅굴을 파지 않아도 돼.

인류가 지금까지 발견한 소행성만 해도 100만 개가 넘어. 아직 발견하지 못한 작은 소행성들까지 생각하면 우주에 있는 희토류의 양은 어마어마하지! 소행성을 미래 자원이 묻힌 우주 광산으로 아무리 강조해도 지나치지 않은 이유야. 소행성 사이키Psyche에는 인류가 수백만 년간 사용할 금속이 매장되어 있다고 이야기할 정도니까.

우주를 떠다니는 백금 덩어리

만약 부모님이 옆에 있다면 한번 이렇게 여쭤 봐. "엄마랑 아빠는 금이 좋아? 백금이 좋아?" 아마 대부분 백금이 더 좋다는 대답이 돌아올 거야. 눈부신 백색을 자랑하는 백금이 금보다 더 희귀한 데다 가공하기도 어렵거든. 이런 백금 덩어리가 우주를 떠다닌다면 믿을 수 있겠어? 실제로 2015년에 백금으로 이루어진 소행성이 지구를 스쳐 지나가서 큰 화제가 됐어. 소행성의 이름은 2011 UW158이야. 미국 기업인 플래니터리 리소시스에서는 이 소행성의 주성분이 백금이며 매장량만 약 1억 톤에 달할 것이라고 발표했어. 미국 달러로 무려 5.4트릴리언이라는 어마어마한 액수와 함께 말이야. 밀리언(100만)이나

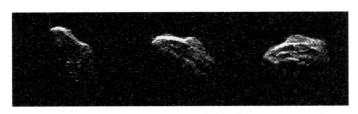

백금 소행성이라 부르는 2011 UW158의 관측 사진 ⓒ아레시보 천문대

빌리언(10억)은 들어 봤지? 1트릴리언은 1조 달러야! 우리나라 돈으로 약 6,000조 원이지. 엄청난 액수에 전 세계 방송국이 앞다투어 백금 소행성의 존재를 보도했어.

아레시보 전파망원경의 관측에 따르면 이 백금 소행성은 고구마처럼 길쭉하게 생겼어. 당시에 달보다 더 가깝게 지구를 스쳐 지나갔는데 지구의 뺨을 스쳤다고 표현할 수 있지. 또한 시간에 따른 밝기 변화를 자세히 분석해 보니 36분 24초마다 한 번씩 자전하는 것으로 나왔어. 소행성 치고는 아주 빠른 편이지. 보통 2.2시간보다 빨리 도는 소행성은 부서진다고 보거든. 왜냐고? 자, 어려워하지 말고 한번 들어 봐.

회전하는 물체는 원의 바깥쪽으로 나아가려는 원심력이 작용해. 동시에 원의 중심으로 나아가려는 구심력이 작용하지. 팽이가 쓰러지지 않고 계속 돌 수 있는 이유는 구심력이 물체를 잡아 주고 있기 때문이야. 그런데 이 팽이 위에 작은 돌을 올려놓으면 어떻게 될까? 중심이 흐트러지면서 밖으로 튕겨져 나가겠지? 소행성은 중력으로 매우 약하게 뭉친 돌무더기야. 팽이 위에 돌멩이를 올려놓은 상태와 비슷하지. 이때 소행성이 아주 빠른 속도로 회전한다면 원심력은 점점 커질 거야. 결국에는 팽이처럼 제자리를 벗어나 부서지고 말겠지. 2.2시간마다 빨리 도는 소행성도 마찬가지야.

물론 빠른 속도로 자전하면서도 부서지지 않는 소행성이 가끔 있어. 과학자들은 이런 소행성들의 내부 구조가 단일 암석일 거라 여겨. 돌무더기가 아닌 하나의 암석으로 이루어져 있다는 뜻이지. 2011 UW158의 별명이 뭐였지? 그래, 백금 소행성! 1억 톤에 가까운 백금을 비롯해 단단한 물질로 이루어졌으니 빠른 회전에도 무사할 수 있는 거야. 그런데 여기서 한 가지 문제가 생겨. 이렇게 빨리 돌고 있는 소행성에는 착륙은 물론 접근조차 매우 어렵거든. 어떤 방법을 써서든 자전 속도부터 늦추지 못하면 백금이 아무리 많아도 채굴은 힘들 거야.

운석으로 만든 투탕카멘의 단검

투탕카멘은 고대 이집트의 파라오야. 아홉 살에 왕이 되어 불과 9년 만에 사망했지만 가장 유명한 파라오 중 하나지. 투탕카멘의 무덤에서 나온 유물 때문이야. 110kg이 넘는 황금 관과 황금 가면 등 유물 수천 점이 투탕카멘과 함께 발견됐거든. 도굴꾼의 눈을 피해 거의 온전한 상태로 발견된 것도 한몫해. 무덤 규모는 다른 파라오에 비하면 작지만, 오늘날 이집트 박물관의 소장품이 대부분 이곳에서 나왔다니 엄청나지? 그중에서도 투탕카멘의 단검은 가장 뛰어난 가치를 지니고 있어. 하늘에서 떨어진 돌로 만들어졌기 때문이야. 바로 운석 말이야!

투탕카멘의 단검은 두 자루야. 하나는 황금 단검, 다른 하나는 철제 단검이지. 이 철제 단검은 유난히 니켈 함량이 높아. 앞에서 철이나 니켈 같은 금속 물질은 지구에 많이 없다고 했지? 게다가 철기 시대 이전에는 기술이 발달하지 않아서 고대 철검에는 니켈 함량이 많아 봤자 4%

투탕카멘의 철제 단검 ©Olaf Tausch

를 넘지 않아. 그런데 투탕카멘의 철제 단검에는 11%가 넘는 니켈이 들어 있어. 지구의 철광석이 아니라 우주에서 온 운석을 녹여서 단검을 만들었다는 뜻이지. 게다가 최근 연구 결과에 따르면 투탕카멘의 철제 단검은 이집트 알렉산드리아 근처에 떨어진 운석과 성분이 거의 일치한대!

청동기 시대에서 철기 시대로 넘어가게 된 배경에는 광석을 다루는 제련 기술의 발달이 있어. 철기 시대는 광석을 아주 높은 온도에서 녹인 다음, 금속을 추출해 정제했어. 구리의 녹는점은 1,085도야. 니켈의 녹는점은 1,455도, 철의 녹는점은 1,538도로 훨씬 높지. 황금은 녹는점이 1,064도라 구리보다도 더 낮은 온도에서 제련이 가능해. 따라서 철기 시대 이전에는 철검이 황금보다도 귀하게 여겨졌어.

철광석에서 순수한 철과 니켈을 뽑아내기 어려웠던 시절을 상상해 볼까? 하늘에서 떨어진 금속 덩어리를 발견한 사람들은 어떤 생각을 했을까? 철질 소행성으로부터 떨어져 나온 조각이 지구 대기권에 빠른 속도로 진입하면서 수천 도로 뜨거워졌고, 결국 땅에는 순수한 철과 니켈만 떨어졌을 거야. 철과 니켈의 합금으로 이루어진 철질 운석은 농기구나 사냥 도구, 무기로 만들기 딱이었지. 이 철질 운석을 가공한 철이 바로 **운철**이야. 고대 사회에서부터 인류가 사용했던 우주 자원인 셈이지!

유성, 운석, 유성체

여기서 잠시 용어 정리를 한번 하고 가자. 유성, 운석, 유성체 이렇게 세 가지는 소행성을 이야기할 때 꼭 등장하는 단어니까. 이번 기회에 개념을 확실히 잡아 보자고! 자, 그럼 원 포인트 레슨 들어간다!

+ 유성 +

다들 잘 알 거야. 유성은 별똥별이랑 같거든. 별똥별을 본 적은 없어도 별똥별이라는 단어를 못 들어 본 사람은 없을걸? **유성**은 혜성이나 소행성의 표면에서 떨어져 나온 먼지 입자와 돌 부스러기가 우주 공간을 떠돌다가 지구 대기권에 부딪혀 빛을 내는 현상을 말해. 짧은 시간 동안 밤하늘에서 궤적을 그리며 밝아졌다가 사라져. 먼지부터 동전만 한 부스러기까지 크기가 다양한 물체들이 매우 빠른 속도로 진입했다가 대기와의 마찰로 순식간에 불타 없어지거든. 그래서 별똥별을 보고 소원을 빌면 이루어 진다는 이야기가 있는지도 모르겠어.

NASA에서는 모래 알갱이만 한 입자들이 하루 평균 지구 대기권에 100톤가량 부딪힌다고 발표했어. 생각보다 어마어마한 양이지? 가끔 야구공만 한 돌멩이가 지구 대기권에 진입할 때는 태양과 달 다음으로 밝은 금성보다 더 밝게 빛나곤 해. 그래서 '파이어볼'이라고 불러.

칠레의 알마 천문대에서 촬영한 파이어볼 ©ESO/C. Malin

가끔 커다란 돌덩어리가 지구 대기권에 진입하면 미처 다 타버리지 못하고 땅에 떨어져. 그래서 한자로 떨어질 운隕과 돌 석石을 써서 **운석**이라고 해. 말 그대로 하늘에서 떨어진 돌이지. 운석은 대부분 남극이나 사막에서 발견 돼. 표면이 검게 그을려서 눈밭이나 모래 위에 있으면 눈에 잘 띄거든. 이렇게 남극이나 사막에 언제 떨어졌는지 모르는 운석을 '발견 운석'이라고 해.

반대로 별똥별이나 파이어볼처럼 낙하를 목격하고 찾아낸 운석을 '낙하 운석'이라고 하지. 발견 운석이 낙하 운석보다 30배는 더 많지만 연구 대상으로는 낙하 운석의 가치가 더 높아. 지구에 떨어지자마자 발견해서 오염이 덜됐기 때문이야. 우리나라에도 낙하 운석이 있어. 2014년 3월 전국 곳곳에 유성이 떨어진 후 경상남도 진주시에서 발견한 진주 운석이야. 무려 71년 만에 국내에서 낙하가 목격된 후 회수한 낙하 운석이지.

유성과 운석이 있으려면 먼저 지구 대기권에 진입하는

천체가 있어야겠지? 바로 **유성체**야. 유성을 일으키는 물체라고 생각하면 이해하기 쉬울 거야. 사실 유성체와 소행성은 '거의' 같아. 소행성도 지구에 충돌하면 유성과 운석을 발생시키니까. 국제천문연맹에 따르면 소행성과 유성체를 나누는 기준은 크기야. 보통 1m보다 작으면 유성체라고 하지. 그런데 아주 작은 먼지 입자도 지구 대기권에 빠른 속도로 떨어지면 유성을 일으킬 수 있어.

그럼 먼지도 유성체라고 부를 수 있을까? 이것 역시 크기에 따른 기준이 있어. 보통 크기가 30μm(마이크로미터)에서 1m 사이면 유성체, 그보다 작으면 행성간 먼지라고 불러. 안개를 이루는 물방울의 크기가 10μm이니 얼마나 작은지 알겠지?

보석보다 비싼 석철질 운석

운석은 구성 물질에 따라 크게 석질 운석, 철질 운석, 탄소질 운석으로 나눌 수 있어. 석질 운석은 주로 감람석, 휘석, 장석 같은 규산염 광물로 이루어진 운석이야. 지구에 떨어진 운석의 95% 이상을 차지하지. 지구와 가까운 근지구 소행성이 대부분 석질 소행성이기 때문이야.

철질 운석은 석질 운석에 비해 흔하지는 않아. 지구 주변에 철질 소행성이 많지 않아서야. 게다가 소행성이 철을 가지고 있으려면 행성처럼 분화가 일어날 정도로 크기가 커야 하거든. 대신에 철과 니켈은 지구 대기권을 통과할 때 잘 없어지지 않아. 철질 운석은 풍화에도 강해서 원형 그대로 잘 보존되는 편이지.

탄소질 운석은 탄소질 소행성에서 왔어. 하야부사 2의 탐사 대상이었던 류구가 대표적이지. 탄소 하면 유기물이고 유기물 하면 생명체야. 유기물이 있다면 생명체가 존재할 가능성이 높거든. 그래서 많은 나라가 생명의 기원을 찾기 위해 탄소질 소행성의 시료를 채취해서 가져오려고 하지. 그런데 탄소질 운석이 실제로 떨어지는 일이 일어났어. 2021년 2월 영국의 한 마을에 커다란 별똥별이 떨어지고 뒤이어 탄소질 운석 300g이 발견됐거든. 그리고 여기에 46억 년 전 태양계 초기 물질이 들어 있어서 큰 화제가 됐지. 어쩌면 이 운석을 통해 생명의 기원에 대한 단서를 얻을 수 있을지도 몰라. 하야부사 2가 약 52억 km를 날아서 가져온 시료의 양이 5.4g이었어. 영국에 떨어진 탄소질 운석 300g의 가치가 얼마나 될지 감이 오지?

마지막으로 석철질 운석은 말 그대로 석질 운석과 철질 운석이 섞인 운석이야. 지금까지 발견된 운석의 1% 안에도 들지 못할 정도로 굉장히 희귀하지. 행성의 핵에 존재하는 금속 물질, 맨틀에 존재하는 규산염 암석의 특징을 모두 갖춘 석철질 운석은 핵과 맨틀의 경계에서 탄생했어. 우리가 지구에서 아무리 깊게 땅을 파도 아직 맨틀까지 도달하지 못한 것처럼 행성의 내부를 들여다보는 것은 매우 어려운 일이야. 그런데 핵과 맨틀 사이에서 만들어진 암석 조각이 지구에 떨어진다면? 행성의 형성과 진화를 알 수 있는 귀중한 연구 자료가 되겠지.

석철질 운석은 내부 성분이 다양한 만큼 아주 독특한 색깔을 띠어. 그중에서 팔라사이트는 보석의 원석으로 쓸 만큼 아름답지. 팔라사이트는 철, 니켈과 함께 감람석을 풍부하게 가지고 있어. 감람석은 영어로 올리빈 olivine이라고 해. 올리브 나뭇잎처럼 초록색을 띠어서 붙은 이름이지. 감람석 중에는 노란색인 듯 초록색인 듯 오

대표적인 석철질 운석인 에스켈 팔라사이트 ©Doug Bowman

묘한 색깔을 지닌 것도 있어. 그리고 보석으로서 가치를
갖는 감람석을 특별히 페리도트라고 부르지.

미래 자원은 사이키가 책임진다

철질 운석과 석철질 운석은 같은 곳에서 왔을 거라고 여
겨져. 어째서일까? 석철질 운석이 행성으로 성장한 천체
의 핵과 맨틀의 경계면으로부터 떨어져 나왔다는 점에서

힌트를 얻을 수 있어. 먼저 철질 운석이 어떤 천체의 핵에서 떨어져 나온 파편이라고 해볼까? 과거에 커다란 행성급 천체가 있었을 테고 그 천체가 어떤 힘을 받아 여러 조각으로 나뉘었을 거야. 여기서 핵 부분은 철질 소행성(금속질 소행성)으로, 맨틀 부분은 석질 소행성으로, 핵과 맨틀의 경계는 바로 석철질 운석의 기원이 됐겠지.

금속질 소행성의 대표적인 예가 바로 소행성 사이키야. 사이키는 1852년에 발견했어. 소행성 중에서도 크기가 큰 편인데 지름이 약 220km나 되지! 사이키가 유명해진 것은 금속 광물이 매우 풍부하다는 사실이 알려지면서부터야. 세계에서 가장 큰 철광석 광산인 스웨덴의 키루나 광산은 길이 4km, 폭 100m, 깊이 2km야. 단순히 부피만 놓고 계산했을 때 키루나 광산 700만 개가 사이키에 있는 셈이지. 사이키는 우주에 있는 어마어마한 철광석 광산이나 마찬가지야.

2023년 11월 기준으로 사이키에 묻힌 금속 광물의 경제적 가치는 무려 130해 원이라고 해. 앞에서 백금 소행성의 경제적 가치가 6,000조 원이라고 했던 것 기억나? 사이키에는 명함도 못 내밀지. 해는 조의 1억 배 되는 수거든. NASA에서는 이 엄청난 금속질 소행성으로 탐사선을 보내기로 결정했어. 이름하여 탐사선 사이키야. 탐사선과 소행성의 이름이 같지? NASA는 공식 홈페이지에 "우리는 인류 역사상 최초로 바위나 얼음이 아닌 금속으로 만들어진 소행성을 탐험하고 있습니다"라는 말로 사이키 탐사 프로젝트를 소개하고 있어.

NASA의 소개처럼 세계 최초로 금속질 소행성을 탐사하는 사이키의 임무는 이제 막 시작됐어. 2023년 10월

소행성 사이키를 상상한 모습 ©NASA/JPL-Caltech/ASU

13일 발사에 성공해서 2029년 8월 사이키에 도착할 예정이지. 21개월 동안 사이키를 공전하며 우리에게 무엇을 전해 줄지 무척 기대돼. 앞의 그림은 NASA의 과학자들이 지금까지 관측한 결과를 바탕으로 상상한 소행성 사이키의 모습이야. 표면의 움푹 들어간 부분은 크레이터지. 먼 과거에 어떤 물체가 사이키에 부딪쳐 크레이터를 만들고, 이때 사이키 표면에서 떨어져 나온 조각들이 우연히 지구로 날아와 운석이 된 건 아닐까? 지구 운석의 비밀을 풀어 줄 탐사선이 사이키에 도착할 날을 함께 기다려 보자!

소행성에서 어떻게 광물을 캘까?

지금부터 몇십 년 뒤를 한번 상상해 보자. 탐사선 사이키는 성공적으로 임무를 완수했고, 소행성 사이키에서 인류가 수백만 년간 사용할 금속 광물을 찾아냈다고 말이야. 사이키뿐 아니라 다른 소행성에서도 인류가 몇백만 년은 거뜬하게 사용할 수 있는 엄청난 양의 희토류를 발견했지. 그런데 발견하면 끝일까? 당연히 아니지! 발견한 우주 자원을 지구로 가져오는 일이 남았잖아.

앞에서 살펴본 백금 소행성은 아주 빠른 속도로 자전하고 있어. 이 경우에는 소행성의 자전 속도를 늦추는 게 먼저지. 빠르게 돌아가는 소행성에 착륙하는 것은 물론이고 광물을 캐내기도 어려울 테니까. 그런데 인류는 아직 소행성의 자전 속도를 바꿔 본 적이 없어. 2022년 9월 NASA의 지구 방위 실험에서 탐사선을 소행성에 부딪쳐 궤도를 바꾼 게 다지. 그럼 어떤 방법이 있을까? 현재까지 논의된 방법을 함께 살펴보자.

먼저 지구 방위 실험 때처럼 소행성의 표면에 물체를 충돌시키는 방법이 있어. 빠르게 돌아가는 팽이가 벽에 부딪히면 속도가 줄어드는 것처럼 말이야. 그런데 우리는 아직 소행성의 내부 물질을 충분히 알지 못해. 그래서 예상했던 결과가 나오지 않을 수도 있지. 소행성의 표면에 레이저를 쏴서 얼음을 녹이거나 휘발성 기체를 증발시키는 방법은 어떨까? 이때 뿜어져 나오는 수증기나 가스가 소행성의 자전 속도를 줄이는 거지. 아니면 금속질 소행성에 자석을 보내 속도를 조절하는 방법도 있어. 무거운 자석을 어떻게 싣고 갈지부터가 문제지만 말이야. 그렇다고 포기하기에는 일러. 만약 소행성의 자전을 늦추거나 아예 멈추는 데 성공한다면 우주 자원을 채굴할 때뿐 아니라 소행성 충돌을 막을 때도 쓸 수 있거든.

소행성의 자전 속도를 해결했다면 다음은 채굴이야. 소행성에서 광물을 캐려면 어떻게 해야 할까? 소행성은 겉과 속이 같으니 땅을 깊게 파지 않아도 돼. 소행성 표면에는 희토류가 지천으로 깔려 있으니까. 인류 역사상 소행성 표면에서 시료를 채취한 사례는 총 세 번이야. 시료의 양이 충분치 않았던 하야부사를 제외하고, 하야부사 2와 오시리스 렉스가 사용했던 방법을 살펴보자. 먼저 하야부사 2는 시료 5.4g을 지구로 가져왔어. 오시리스 렉스는 캡슐의 뚜껑이 제대로 닫히지 않을 만큼 목표량보다 많은 시료를 채취하는 데 성공했지.

두 탐사선의 시료 채취 방식은 비슷해. 탐사선에 있는 긴 로봇 팔로 시료를 채취했거든. 몸체의 일부만 이용하는 방식이지. 차이점은 다음과 같아. 하야부사 2는 팔의 끝이 소행성 표면에 닿는 순간, 작은 탄환을 쐈어. 그리고 이때 튀어 오르는 시료를 채취했지. 반면에 오시리스 렉스는 착륙과 동시에 팔에서 질소 가스를 내보내 표면에서 떠오른 시료를 채취했어. 그런데 이 방법들은 얻을 수 있는 광물의 양이 정해져 있어. 착륙했다가 다시 올라가는 과정에서 탐사선의 연료도 많이 없어지지.

좀 더 간단한 방법은 없을까? 이런 고민에서 나온 생각이 작은 소행성 하나를 아예 끌고 오자는 거야. 미국의 딥 스페이스 인더스트리라는 회사에서 내놓은 작전이지. 이른바 '소행성 통째로 가져오기 프로젝트'라고 해. 딥 스페이스 인더스트리는 소행성에서 광물을 캔 다음 지구로 다시 가져오는 데 드는 시간과 비용, 기술적 한계에 주목했어. 그래서 힘들게 채굴한 광물을 가져오는 대신 우주에서 바로 활용하자고 생각을 바꿨지.

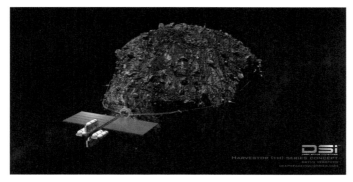

소행성 통째로 가져오기 프로젝트 ©딥 스페이스 인더스트리

달은 더 이상 미지의 세계가 아니야. 요즘 SF 영화에서 달을 인류의 터전으로 묘사하고 있는 것처럼 우리의 새로운 미래지. 미국은 21세기의 달 탐사 프로젝트로 아르테미스 계획을 진행하고 있어. 전 세계가 달 탐사에 다시 도전하고 있지. 앞으로 달에 유인 기지가 만들어지고 인류의 우주 활동이 늘어나면 모든 자원을 지구에 가져와 쓰기 어려울 거야. 딥 스페이스 인더스트리의 생각처럼 소행성에서 캔 광물을 달 기지로 바로 가져가서 쓴다고 생각해 봐. 훨씬 효율적이지?

그럼 다음 질문이야. 소행성을 어디로 가져오면 좋을까? 과학자들은 그 목적지로 시스루나 스페이스를 생각하고 있어. **시스루나 스페이스**는 달이 지구를 공전하는 궤도 안의 공간을 가리켜. 지구와 달 사이라고 보면 되지. 소행성을 여기에 가져다 두면 지구 중력에 붙잡힐 거야. 달처럼 지구의 위성으로 계속 지구를 따라다니겠지.

이제 마지막 질문! 어떤 소행성을 시스루나 스페이스로 가져와야 할까? 소행성대 소행성? 아니야. 지구 근처에 있는 소행성을 데리고 오는 게 훨씬 쉽거든. 앞에서 위험한 친구라고 소개한 근지구 소행성이 그 주인공이지. 많은 우주 개발 기업이 이러한 관점에서 물이 있을 거라 여겨지는 소행성을 찾으며 관련 연구를 진행하고 있어.

작지만 강한 나라, 룩셈부르크

일찍이 소행성을 미래 자원의 보고로 알아보고 투자를 시작한 나라가 있어. 바로 유럽의 룩셈부르크야. 룩셈부르크는 크기가 우리나라 경상도보다 작아. 인구는 약 66만 명인데 제주도와 비슷하지. 하지만 2022년 1인당 국내총생산GDP은 12만 5,558달러로 세계 1위야. 우리나라보다 약 4배 더 많지. 룩셈부르크는 철강 산업의 중심지로 유명해. 1980년대부터 금융과 위성방송 산업을 육성하고, 2000년 이후에는 유럽의 실리콘밸리로 IT 산업을 발전시켜 왔지.

　룩셈부르크는 우주로 눈을 돌리고 있어. 세계 제일의 철강 회사와 위성방송국이 모여 있는 나라가 말이야. 이제는 IT 산업으로 기술까지 갖췄지. 룩셈부르크는 미국의 민간 기업에 수백억 원을 투자하며 소행성에서 광물을 캐오는 일에 많은 관심을 보이고 있어. 2018년 소행성 연구와 우주 자원 채굴에 관한 워크숍을 시작으로 2019년부터는 해마다 아예 국제 학회를 열고 있지. 나라 전체가 우주 광물 채취를 목표로 자본과 기술을 총동원하고 있다고 해도 과언이 아니야. 과연 20년 뒤 이 나라는, 아니 세상은 어떻게 변할까?

- ✂ - - -

우주 자원

우주 공간에서 인류가 필요한 물건을 만들 수 있는 원료

우주 조약

1967년 우주의 평화로운 이용과 우주 탐사의 자유를 명시한 조약

운철

철질 운석을 가공한 철

유성

혜성이나 소행성의 표면에서 떨어져 나온 먼지 입자와 돌 부스러기가
지구 대기권에 부딪혀 빛을 내는 현상. 별똥별이라고도 함

운석

유성체가 지구 대기권에 진입한 후 불타 없어지지 않고
땅에 떨어진 암석

유성체

대기권에 진입해 유성을 일으키기 전의 천체.
크기는 30μm에서 1m 사이

시스루나 스페이스

달이 지구를 공전하는 궤도 안으로, 지구와 달 사이의 공간

소행성 충돌의 진실 vs 거짓

"소행성이 지구에 충돌하면 원자폭탄의 몇만 배에 달하는 피해를 일으킨다!" 때마다 이렇게 자극적인 제목을 단 뉴스나 기사가 뜨곤 해. 그러면 많은 사람이 사실을 확인하기 위해 한국천문연구원에 전화를 걸어. 그런데 진짜로 인류의 생존을 위협할 만한 규모의 소행성 충돌이 일어날 수 있을까? 그렇다면 우리는 소행성 충돌에 어떻게 대비해야 할까?

화성과 목성 사이에는 100만 개가 넘는 소행성이 존재해. 하지만 이 소행성들은 생각만큼 위험하지 않아. 다른 소행성이 당구공처럼 부딪쳐서 밀지 않는 한 절대 지구 쪽으로 넘어오지 않거든. 이 상태는 태양계가 만들어진 46억 년 전부터 계속됐지. 그렇다면 지구에 위협이 될 만한 소행성은 없다고 봐야 할까? 앞에서 지구 근처에도 소행성이 있다고 했던 말 기억나? 인류 생존에 대한 위협이자 미래 자원의 보고로 주목받는 근지구 소행성 말이야! 2023년 11월 기준으로 지금까지 발견된 근지구 소행성은 모두 3만 3,654개야.

NASA 제트추진연구소JPL에서는 근지구 소행성을 발견하자마자 추적 관측을 시작해. 앞으로 100년 동안 이어질 소행성의 궤도 변화를 미리 그려 보지. 지구도 함께 말이야. 지구 주변의 소행성들이 100년 동안 지구와 충돌할지 아니면 그저 스쳐 지나갈지를 계산하는 거야. 이 지구 방위 프로그램의 이름을 **센트리**라고 해. 보초 또는 감시를 의미하는 센트리sentry는 100년을 단위로 세기를 세는 센추리century와 발음이 매우 비슷해. NASA의 작명 센스가 엿보이지?

센트리의 계산에 따르면 2023년 11월 기준으로 지구와 충돌할 확률이 가장 높은 소행성은 2010 RF12야. 2095년 9월 5일에 지구에 충돌할 확률이 약 10%나 되지. 다만 이 소행성은 2010년에 발견한 이후 10년 만에 다시 관측돼서 충돌 확률이 변할 가능성이 매우 커. 그리고 크기가 약 7m로 매우 작기 때문에 설령 지구와 충돌하더라고 피해는 거의 없을 거야. 다른 소행성들은 향후 100년간 충돌 확률이 모두 2% 미만이야. 다시 말하면 지구를 스쳐 지나갈 확률이 98%라는 이야기지.

지구 위협 소행성이란?

근지구 소행성조차 지구와 충돌할 확률은 매우 낮아. 더구나 크기가 10m보다 작다면 대부분 지구의 대기권에서 타버리고 일부만 운석으로 떨어질 거야. 피해도 크지 않지. 물론 소행성의 크기가 크면 이야기는 달라져. 그만큼 피해가 어마어마하게 커지거든. 따라서 NASA에서는 지구와 충돌할 경우, 미국의 주 또는 작은 나라만 한 규모의 재난을 초래할 만큼 큰 소행성들에 주목해. 지름이 약 140m 이상이면서 지구와의 최소 궤도 교차 거리가 짧은 소행성을 **지구 위협 소행성**이라고 부르며 따로 추적하고 있지.

좀 더 쉽게 설명해 볼게. **최소 궤도 교차 거리**란 두 천체의 공전 궤도가 서로 교차할 때 실제로 떨어진 거리를 말해. 아무리 큰 소행성이라 할지라도 공전 궤도가 서로 아주 멀리 떨어져 있다면 전혀 위험하지 않아. 수백 년이 지나도 제 갈 길을 갈 뿐 서로 충돌할 일은 없으니까. 그런데 소행성이 다니는 길과 지구가 다니는 길이 가깝거나 겹친다면 문제가 돼. 우주에는 교통 흐름을 정리하는

신호등이 없거든. 아래 그림에서 흰색 선들 보이지? 이리
저리 얽히고설킨 게 보기만 해도 조마조마해져. 그래서
NASA에서 센트리를 통해 최소 100년 동안의 움직임을
시뮬레이션으로 돌려 보는 거야. 지금은 지구와의 최소
궤도 교차 거리가 0.05AU 이내인 소행성들을 주시하고

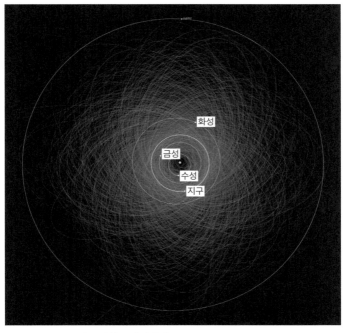

지구 위협 소행성의 궤도 ©NASA/JPL-Caltech

있어. 지구와 달 사이의 20배 정도 되는 거리지. 매우 멀어서 괜찮을 것 같지만 지구 방위 측면에서는 감시 대상이 되는 거야.

2023년 11월 기준으로 지구 위협 소행성은 2,378개야. 그중에서 100년간 지구에 충돌할 확률이 100만분의 1보다 높은 소행성은 총 4개야. 충돌 확률이 높은 순서대로 베누, 1950 DA, 아포피스, 2007 FT3이지. 그래 봤자 모두 충돌 확률이 0.04% 미만이기 때문에 가까운 미래에 우리 인류가 소행성 충돌로 사라질 가능성은 희박해. 자, 그럼 맨 처음 질문에 이제 대답할 수 있겠지? 앞으로 100년 동안은 소행성 충돌을 염려할 필요가 없다고 말이야. 오늘 밤부터는 두 다리를 쭉 펴고 잠들 수 있기를 바랄게!

러시아 소행성 폭발의 충격

오늘날 우주는 풀리지 않은 비밀로 가득해. 우리가 모르는 변수가 있을 수 있다는 이야기야. 앞서 이야기한 소행성 충돌에도 우리가 놓친 맹점이 한 가지 있는데 뭘까?

바로 '이미' 발견한 소행성만 가지고 예측한 결과라는 거야. 지금까지 발견한 소행성들은 적어도 100년간 지구에 위협이 되지 않을 거야. 그런데 우리가 미처 발견하지 못한 소행성이 있다면? 그 소행성이 지구와 충돌하지 않는다고 확신할 수 있을까?

천문학자들의 노력으로 충돌 시 전 지구에 대규모 재난을 일으킬 만한 크기(1km 이상)의 소행성은 95% 넘게 발견됐어. 하지만 그보다 작은 소행성은 예상 개수의 절반도 찾지 못했지. 140m보다 작은 소행성은 아직 10%도 발견하지 못했어. 크기가 작다 보니 지구 가까이 오지 않는 한 관측이 쉽지 않거든. 그러던 와중에 충격적인 사건이 일어났지.

2013년 2월 15일, 러시아의 한 대도시 하늘에서 크기가 약 17~20m에 달하는 소행성이 폭발했어. 그 충격으로 1,600여 명이 다쳤고 건물 7,300여 채가 부서졌지. 과거 히로시마에 떨어진 원자폭탄의 약 30배에 달하는 폭발이었어. 크기가 작더라도 우주 공간에서 움직이는 속도는 매우 빠르기 때문에 충돌 시 엄청난 폭발 에너지가 발생하거든.

소행성 폭발로 산산조각 난 유리창 ©Nikita Plekhanov

　　러시아 소행성 폭발은 우리가 그전까지 미처 발견하지 못했던 작은 소행성 때문에 일어났어. 크기가 작다 보니 NASA의 센트리 목록에도 없었지. 1908년에 시베리아 지역에서 일어난 툰구스카 대폭발 이후로 100여 년 만의 일이야. 과학자들은 왜 이날 떨어진 소행성을 미리 발견하지 못했을까?

　　첫째, 소행성의 크기가 매우 작아서야. 소행성은 스스로 빛을 내지 못해. 보통 우주 공간에서 천체는 태양 빛을 반사해야 관측이 가능하거든? 그런데 소행성은 대부분 반사율이 매우 낮아. 크기가 작으니 지구에 가까이 다가오기 전까지는 발견하기도 어렵지. 한번 생각해 봐. 까만 하늘에 까만색으로 칠한 돌덩어리를 과연 알아차릴 수 있을까? 불가능하겠지?

둘째, 소행성의 대기권 진입 경로 때문이야. 당시 소행성이 대기권에 들어온 방향이 공교롭게도 태양 쪽이었거든. 태양을 관측하는 태양망원경이 아니면 어떤 광학 망원경으로도 태양 근처를 탐색하기란 불가능하지. 이러한 문제점을 극복하기 위해 NASA에서는 몇 해 전부터 지구와 태양 사이에서 지구 근처를 탐색하는 우주망원경 개발을 추진하고 있어.

소행성 충돌에 대한 인식은 러시아 소행성 폭발 전후로 나눌 수 있어. 소행성 충돌이 과거 공룡이 멸종했을 때처럼 먼 이야기가 아니라는 사실을 보여 줬거든. 우리가 사는 지금도 일어날 수 있다는 충격을 안겨 주었지. 이 사건을 계기로 국제 사회는 UN을 중심으로 국제 소행성 경보 네트워크IAWN를 만들었어. 지구 근처의 소행성을 발견하고 국제적인 협력 체계를 구축하기 위해서야. 또한 지구에 충돌할 확률이 높은 소행성을 발견할 시 궤도 변경 임무를 수행하기 위한 국제 공동대응 협의체인 우주 임무 기획자문 그룹SMPAG을 만들었어. 한국천문연구원에서는 2016년부터 두 곳 모두 우리나라 대표로 참여하고 있지. 그럼 이제 소행성 충돌에 어떻게 대비하는지 좀 더 자세히 알아볼까?

지구 방위대? 지구 방위 학회!

인터넷에 '지구 방위대'라고 검색하면 여럿이 음악에 맞춰 팔을 뻗고 앞으로 조금씩 움직이는 영상이 나와. 지구 방위대 챌린지라고 하지. 한때 많은 사람이 따라 했어. 알다시피 지구는 우리 태양계에서 유일하게 생명체가 살 수 있는 조건을 갖춘 행성이야. 동시에 우리의 소중한 보금자리지. 영화를 보면 히어로가 자기 몸을 바쳐 위험에 빠진 지구를 구하곤 해. 이런 지구 방위대가 실제로 있다면 어떨까?

실제로 지구 방위대라고 할 만한 학회가 있어. 2009년 부터 전 세계 과학자, 공학자가 모여 소행성이 지구와 충돌하는 상황에 어떻게 대처할 것인가를 논의하는 학회지. 2년마다 열리는 이 학회의 이름은 지구 방위 학회PDC야. 지구 방위 학회에서는 주로 소행성이나 혜성 등 우주 물체의 지구 위협에 대응하기 위한 연구를 발표해. 그리고 새로 발견한 소행성이나 연구 성과, 충돌에 대응하기 위한 국제 협력 정책 등을 주고받지.

지구 방위 학회에서는 실제로 지구와의 충돌이 확실한 가상 소행성을 설정하고 어떻게 대비할 것인가를 훈련해. 괜히 '지구 방위'라는 말이 붙는 게 아니지. 학회 첫날, 지구와 곧 충돌할 가상 소행성을 발견했다는 시나리오가 공개되고, 학회가 열리는 동안 관련 정보가 계속 올라와. 그리고 이 가상 소행성을 어떻게 관측할지, 어떻게 궤도를 바꿔서 지구를 구할 것인지 논의하는 회의가 열리지. 재밌는 점은 가상 소행성이 떨어질 위치가 늘 학회가 열리는 곳 근처라는 거야. 과학자들이 이 훈련에 얼마나 진심인지 알겠지?

2017년에는 가상 소행성에 로켓을 부딪쳐 지구를 스쳐 지나가게 하는 데 멋지게 성공했어. 하지만 2019년에는 로켓과 충돌한 가상 소행성의 파편이 뉴욕에 떨어

2023년 지구 방위 학회의 모습

졌고, 2021년에는 충돌까지 시간이 얼마 남지 않아서 가상 소행성의 궤도를 바꾸는 데 너무 늦어 버렸지. 결국 정확한 추락 위치를 예상해서 그곳 주민들을 대피시키는 것으로 마무리했어. 2023년에는 이전 학회 때보다 10배나 더 큰 가상 소행성이 등장해 핵무기를 쓰느냐 마느냐로 논쟁을 벌였지. 가상 상황인데도 괜히 손에 땀을 쥐게 하지? 오늘날 우주 공간에서 핵무기를 사용하는 것은 우주 조약에 위배돼. 인류가 만든 것 중 가장 큰 폭발력을 가진 만큼 돌이킬 수 없는 피해를 불러일으키니까. 불가피한 상황이 아니라면 핵무기를 쓰지 않는 게 좋지. 그렇다면 소행성 충돌을 막기 위해 인류가 할 수 있는 최선의 방법에는 무엇이 있을까?

인류 최초의 지구 방위 실험

지구에 충돌하기까지 충분한 시간이 있다면 가장 좋은 방법은 로켓 같은 물체를 소행성에 부딪치는 거야. 이러한 물체를 **운동 충돌체**라고 해. 운동하는 물체가 가진 에너지를 이용해 소행성의 궤도를 바꾸는 원리지. 비교적 작은 힘으로 지구 충돌을 막을 수 있기 때문에 효과적이야.

예를 들어 멀리서 나를 향해 날아오는 돌멩이가 있다고 해보자. 코앞까지 온 돌멩이를 피하려면 아주 많은 힘이 필요할 거야. 피할 수 있는 확률 자체가 아주 낮지. 그런데 돌멩이와의 충돌을 24시간 전에 미리 알고 있다면? 코앞까지 오기 전에 아주 작은 힘만으로 돌멩이의 경로를 바꿀 수 있겠지? 결국 돌멩이가 내 얼굴에 부딪힐 일은 없을 거야. 이게 바로 운동 충돌체를 활용한 소행성 궤도 변경 실험이야.

2022년 우주 공간에서 실제로 진행됐지. 정식 명칭은 쌍소행성 궤도 변경 실험Double Asteroid Redirection Test이야. 다트DART 프로젝트라고 하지! 실험 결과는 놀라웠어. 다트를 정확히 과녁의 한가운데에 꽂은 것처럼 운동

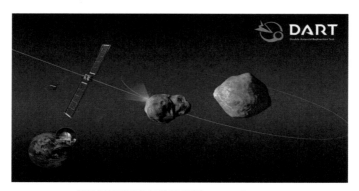

다트 프로젝트의 실험 시나리오 ©NASA/JHU-APL

충돌체가 소행성에 명중했거든. 다트 프로젝트의 대상
은 소행성 디디모스Didymos의 주변을 돌고 있는 디모포스
Dimorphos였어. 지구와 달처럼 디디모스와 쌍을 이룬 쌍소
행성이지. 다트 프로젝트의 정식 명칭에 왜 '쌍소행성'이
라는 말이 들어가는지 알겠지?

　　다트 프로젝트에서 쓴 운동 충돌체는 바로 탐사선
이야. 별도의 충돌체를 쏘아 보낸 게 아니라 탐사선 본체
가 소행성에 직접 충돌한 거지. 음료수 자판기만 한 다트
탐사선은 미국 돈으로 3억 달러가 넘어. 우리 돈으로 약
4,000억 원짜리 탐사선을 소행성에 그대로 던져 버린 거
야. 실제 상황이었다고 생각하면 돈이 그리 아깝지는 않

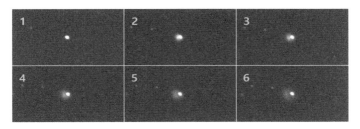

다트 탐사선의 충돌 전후를 촬영한 사진 ©한국천문연구원

을 거야. 소행성 궤도를 바꾸는 데 성공하느냐 마느냐는 인류의 생존과 직결된 문제니까!

다트 탐사선은 총알보다 15배 빠른 초속 6.6km로 단번에 소행성에 명중했어. NASA는 충돌한 지 2주쯤 지나고 나서 디모포스의 공전 주기가 약 32분 줄어들었다고 발표했어. 충돌한 것만으로도 대단한데 궤도를 바꾸는 것까지 성공한 거야! 인류 역사상 길이 남을 성공이었지. 당시 한국천문연구원에서도 다트 탐사선이 소행성 디모포스에 충돌하는 모습을 관측했어. 위 사진을 봐. 순서대로 1번은 충돌 직전의 디모포스, 2~6번은 충돌 직후 먼지가 뿜어져 나오는 모습이야. 유럽 우주국에서는 실험 후 생긴 디모포스의 크레이터와 효과 등을 분석하기 위해 2024년 탐사선을 직접 보낼 계획이래. 실험은 지금도 계속되고 있는 셈이지.

광시야 망원경, 소행성을 찾아봐!

운동 충돌체만 있으면 소행성으로부터 지구는 안전하다고 할 수 있을까? 반은 맞고 반은 틀렸어. 이 방법은 소행성이 지구와 충돌하기까지 충분한 시간이 있을 경우에만 쓸 수 있거든. 앞에서 코앞까지 날아온 돌멩이를 피할 확률은 거의 없다고 했던 것 기억나? 지구 방위 학회에서도 지구와 충돌하기 6개월 전에 발견한 가상 소행성을 막을 방법은 없다는 결론을 내렸어. 결국 지구에 위협이 되는 소행성을 하루라도 빨리 찾아내는 게 중요하지. 1998년부터 시작된 NASA의 우주 방위 목표에 따라 과학자들은 지구 주변의 소행성을 찾아 헤매 왔어. 덕분에 크기가 1km 이상인 소행성을 95%나 찾았어. 하지만 그보다 작은 소행성은 여전히 발견하지 못한 게 더 많아. 아직 안심하기는 이르지.

한국천문연구원에서는 지구에서 별이 가장 잘 보이는 칠레에 1.5m 광시야 망원경을 만드는 프로젝트를 시작했어. 전 세계에서 소행성을 가장 많이 발견한 미국 애리조나대학교의 카탈리나 천체 탐사팀과 공동 연구를 진행하고 있지. 그리고 지구 위협 소행성을 발견하기 위한 관측 전략을 세우고 있어. 이 망원경이 완성되는 2026년 말에는 우리나라도 본격적으로 지구 방위대 대원을 모집할 거야. 과학자들과 같이 칠레에서 지구 방위대 챌린지를 찍고 싶다면 한번 도전해 봐!

2004년 크리스마스의 공포

2004년 6월 19일, 하와이대학교의 소행성 탐사팀은 아주 어두운 소행성 하나를 발견했어. 다음 날인 20일까지 관측에 성공했지. 하지만 소행성의 궤도를 예측하기에는 시간이 모자라서 결국 이 소행성을 놓치고 말았어. 소행성대 소행성과 달리 근지구 소행성은 지구와 가까울수록 위치가 계속 달라지거든. 그래서 오늘 찾은 소행성을 다

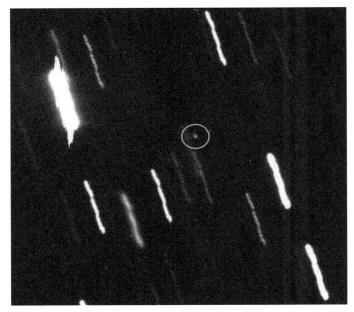

소행성 아포피스의 모습(분홍색 동그라미) ⓒ하와이대학교

음 날에는 찾지 못할 때가 흔하지.

　　그로부터 6개월의 시간이 흐른 뒤, 호주의 사이딩 스 피링 천문대에서 새로운 소행성을 하나 발견했어. 이 소 행성은 하와이대학교의 소행성 탐사팀에서 발견한 것보 다 6배 이상 밝았지. 며칠간 세계 곳곳에서 이 소행성을 관측했어. 그런데 전 세계의 관측 결과가 모이는 국제소

행성센터에서 궤도를 분석했더니 두 천체가 같은 소행성이라는 결론이 나왔지. 이 천체는 바로 아포피스야!

NASA에서는 곧바로 지구와의 충돌 확률을 계산했어. 결과는 놀라웠어. 2029년 4월 13일에 1.6%의 확률로 지구와 충돌할지 모른다고 나온 거야. 이 확률이 낮다고 생각하는 사람은 아무도 없었어. 아포피스의 밝기를 분석해 보니 그 크기가 무려 450m나 되는 것으로 나왔거든. 이 정도 크기의 소행성이 만에 하나라도(만에 하나는 확률로 1만분의 1인데, 0.01%와 같아!) 지구에 충돌하면 끔찍한 일이 벌어지겠지.

소행성의 지구 충돌이 얼마나 위험한지 이야기할 때는 주로 **토리노 스케일**을 이용해. 소행성이 충돌할 때 발생하는 충돌 에너지와 충돌 확률에 따른 예상 피해 규모를 1부터 10까지 숫자로 표시한 척도야. 토리노 스케일에서 가로축은 충돌 확률을 나타내. 오른쪽으로 갈수록 충돌 확률이 높아지지. 세로축은 충돌 에너지인데 충돌할 때 발생하는 폭발력이라고 보면 돼. 소행성의 크기가 클수록 세지. 소행성의 폭발력은 '트라이나이트로톨루엔'이라고 하는 폭탄을 얼마나 많이 터트리느냐로 표현해. 줄

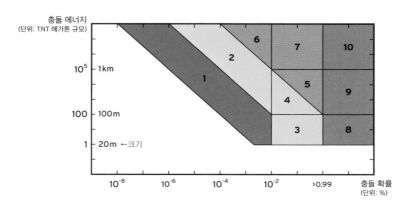

충돌 에너지
(단위: TNT 메가톤 규모)

10^5 — 1km

100 — 100m

1 — 20m ←크기

10^{-8} 10^{-6} 10^{-4} 10^{-2} >0.99   충돌 확률
(단위: %)

소행성의 토리노 스케일

여서 TNT라고 하지. 예를 들어 크기가 20m인 소행성이 충돌할 때는 TNT 1메가톤 규모의 폭발이 일어나. 히로시마 원자폭탄의 추정 폭발력이 TNT 15~20킬로톤 정도야. 작은 소행성이라도 충돌하면 발생하는 에너지가 정말 어마어마한 거지.

위 그림을 자세히 보면 0부터 10까지 숫자가 적혀 있어. 0은 흰색, 1은 초록색, 2~4는 노란색, 5~7은 주황색, 8~10은 빨간색으로 칠해져 있지. 빨간색이 가장 위험하다는 뜻인 건 눈치챘지? 충돌 확률이 높을수록, 충돌 에너지가 클수록 토리노 스케일이 올라가. 그에 따른 예상 피해 규모를 1부터 10까지 색깔과 함께 표시한 거지. 처음 아포피스를 발견한 2004년 하반기에는 토리노 스케일이 4였어. 소행성을 관측한 이래 처음 있는 일이었지. 그 이후에 발견된 어떤 소행성도 아포피스보다 토리노 스케일이 높지 않았어. 인류 역사상 전무후무한 기록이지.

아포피스의 충돌 확률은 처음 발표한 12월 23일에는 0.3%였어. 그러다가 그날 오후에 1.6%로 바뀐 거야. 그리고 2004년 12월 25일! 크리스마스에 충돌 확률이 2.4%까지 올라갔다가 다시 2.2%로 조금 떨어졌어. 하루도 다 지나지 않았는데 충돌 확률이 왜 이렇게 오르락내리락하냐고? 아포피스가 지구에 언제 충돌할 거라고 했지? 맞아, 2029년 4월 13일! 당시에는 무려 25년 뒤의 미래를 예측해야 하는 상황이었어. 사실 발견된 지 얼마 되지 않은 소행성의 위치를 예측하기에는 불확실한 게 많아. 그래서 위험한 소행성이 발견되면 NASA를 비롯해 전 세계 천문학자들이 후속 관측을 하지. 그 결과가 국제 소행성센터에 모이는 거야.

2004년 크리스마스 이브에도 많은 사람이 즐거움을 잠시 뒤로하고 아포피스를 관측하기 위해 밤을 새웠어. 이날 하루 보고된 관측 결과만 100개가 넘었지. 충돌 확률은 실시간으로 바뀌었고 처음보다 높아졌어. 예상과 다른 결과에 사람들의 불안은 커져만 갔어. 그런데 아포피스를 처음 발견한 날보다 3개월 먼저 촬영된 관측 자료에 아포피스가 있었던 사실이 뒤늦게 밝혀진 거야. 실제로 아포피스를 촬영했는데도 너무 희미해서 그동안 몰랐던 거지. 이를 바탕으로 다시 계산하자 2029년 4월 13일 아포피스가 지구와 충돌할 확률은 사라지게 됐어! 이후에도 관측 결과가 계속 올라오고 있지만 NASA에서는 2021년 3월에 향후 100년간 아포피스가 지구를 충돌할 일은 없다고 발표했어. 2004년 크리스마스에 전 세계를 들썩이게 한 사건은 이렇게 마무리됐지.

아포피스에 얽힌 미스터리

아포피스는 이제 가장 위험한 소행성에서 가장 안전한 소행성이 됐어. 태양계 어떤 소행성보다 가장 많은 관측이 이루어지면서 아포피스의 궤도를 정확하게 알게 됐지. 아포피스는 매우 흥미로운 특징을 가지고 있어. 하나씩 천천히 살펴볼까?

첫 번째 특징은 표면의 성분이야. 아포피스는 석질로 이루어져 있는데도 표면이 좀 밝은 편이야. 보통 처음에는 절반으로 쪼갠 것처럼 깨끗해도 우주 공간에 노출되는 시간이 길어질수록 우주 풍화를 겪으며 점점 어두워지거든. 그런데 아포피스의 표면 반사도를 측정해 보면 다른 석질 소행성보다 조금 더 높게 나와. 일반적인 석질 소행성의 표면 반사도는 10~20%야. 반면에 아포피스의 표면 반사도는 20~30%지. 태양 빛을 받아들이면 그중 20~30%를 반사한다는 뜻이야. 과연 아포피스의 표면이 밝은 이유는 뭘까? 태양 빛을 충분히 받지 못해서 우주 풍화가 덜 이루어진 걸까? 아니면 표면 위에 있던 오래된 물질이 벗겨져 없어진 걸까?

두 번째 특징은 자전이야. 소행성은 대부분 지구처럼 궤도 평면에 고정된 채로 자전해. 그런데 아포피스는 자전 운동과 세차 운동이 동시에 일어나는 비주축 자전운동을 하고 있어. 자전 운동은 회전축을 중심으로 스스로 회전하는 반면, 세차 운동은 회전축 자체가 흔들거려.

마치 돌고 있던 팽이가 비틀거리는 것처럼 회전축이 고정되지 않은 상태지. 더욱이 자전 주기는 약 263시간으로 매우 긴 반면, 세차 주기는 약 27시간이야. 자전보다 세차가 더 빨리 진행되는 셈이지.

　세 번째 특징은 길쭉한 모양이야. 소행성의 모양은 원래 제각각이니 문제 될 게 없지 않냐고? 아니야! 나중에 큰 문제가 될 수 있어. 지구 방위 학회도 눈사람처럼 생긴 가상 소행성의 궤도 변경에 실패했거든. 이 사례만 보더라도 소행성의 모양은 매우 복잡한 변수가 된다는 걸 알 수 있어. 생각해 봐. 길쭉한 소행성에 운동 충돌체를 부딪쳤는데 소행성이 2개로 조각난 거야. 1개도 어려운데 2개는 궤도를 예측하기 정말 어렵겠지?

2029년 4월 13일의 금요일

우리가 앞으로 눈여겨볼 이벤트가 하나 있으니 바로 2029년에 있을 우주 쇼야. 2029년 4월 13일에 아포피스가 지구를 아주 가까이 지나갈 거라는 말 기억할 거야. 지구 뺨을 스치고 지나간다고 해도 과언이 아니지. 인류 역사상 최고의 천문학 이벤트로 손꼽혀. 서아시아, 유럽과 아프리카 일부 지역에서는 맨눈으로도 충분히 관측할 수 있을 거래.

천문학자들은 아포피스가 지구를 스쳐 지나가면서 지구 중력 때문에 많은 변화가 일어날 거라고 봐. 가장 먼저 소행성의 궤도가 지구의 중력에 이끌려 바뀔 거야. 또한 회전축, 속도, 지표면과 내부 구조도 변할 가능성이 제기되고 있어. 예를 들어 상대적으로 약하게 결합되어 있는 지역은 결국 붕괴되고 급격한 경사를 갖는 지형은 무너져 내릴 거야. 한마디로 소행성에서 산사태와 지진이 발생할 수 있다는 뜻이지. 소행성에서 일어나는 변화를 생생하게 관찰할 수 있는 기회야!

이 정도는 되어야 인류 역사상 최고의 우주 쇼라고 할 수 있지 않을까? 2029년 4월 13일의 금요일은 정말 뜨거운 '불금'이 될 거야. 전 세계 망원경과 인류가 지구를 스쳐 지나가는 아포피스를 지켜보겠지. 앞에서 베누 탐사를 마친 오시리스 렉스가 아포피스를 향해 다시 떠난다고 했지? 이름도 오시리스 에이펙스로 바꾸고 말이야. 유럽 우주국에서도 아포피스를 좀 더 가까이에서 관측하기 위해 탐사 계획을 세우고 있어. 우리 함께 그날을 기대하며 기다려 보자.

바쁘다 바빠

요점만 싹둑! 공부 절취선

✂

센트리

앞으로 100년간 소행성이 지구와 충돌할 확률을 예측하는
NASA의 계산 프로그램

지구 위협 소행성

큰 재난을 일으킬 수 있는 소행성. 지름이 140m 이상이며,
지구와의 최소 궤도 교차 거리가 짧음

최소 궤도 교차 거리

두 천체의 공전 궤도가 서로 교차할 때 실제로 떨어진 거리

운동 충돌체

로켓이나 탐사선처럼 운동하고 있는 물체의 힘으로 소행성의
궤도를 바꾸기 위해 부딪치는 물체

토리노 스케일

소행성이 충돌할 때 발생하는 에너지와 충돌 확률에 따른 예상 피해
규모를 1부터 10까지 숫자로 표시한 척도

다른 포스트

뉴스레터 구독

오 도 독 :: 04

오늘은 소행성

초판 1쇄   2023년 12월 11일

지은이   김명진

펴낸이   김한청
기획편집   원경은 차언조 양희우 유자영
마케팅   현승원
디자인   이성아 박다애
운영   설채린

펴낸곳 도서출판 다른
출판등록 2004년 9월 2일 제2013-000194호
주소 서울시 마포구 동교로 27길 3-10 희경빌딩 4층
전화 02-3143-6478 **팩스** 02-3143-6479 **이메일** khc15968@hanmail.net
블로그 blog.naver.com/darun_pub **인스타그램** @darunpublishers

ISBN 979-11-5633-588-7 44000
      979-11-5633-579-5 (세트)

다른 다른 생각이
다른 세상을 만듭니다